Götz Warnke

So sparen Sie Geld, Ressourcen, Energie

Der ultimative Ratgeber für Haus, Garten und Verkehr

www.Warnke-Verlag.de

Bibliographische Information der Deutschen Bibliothek

Die Deutsche Bibliothek verzeichnet diese Publikation in der Deutschen Nationalbibliographie; detaillierte bibliographische Daten sind im Internet über http://dnb.ddb.de abrufbar.

Herstellung: Books on Demand GmbH, D-22848 Norderstedt

ISBN 978-3-938391-01-3

Bilder auf der Titelseite (von l. nach r.):
Wasserzähler, Johannisbeerbäumchen, Solarmobil mit hochgeklapptem Solarpanel

Inhaltsverzeichnis

Vorwort

Steigende Benzinpreise, höhere Gasrechnungen, teurere Lebensmittel – die sich immer höher drehende Preisspirale nimmt kein Ende. Während es in der zweiten Hälfte der 1990er Jahre noch einen allgemeinen Aufschrei gab, als Politiker der bundesdeutschen „Bündnisgrünen" einen Benzinpreis von fünf D-Mark pro Liter forderten, ist die Realität diesen Forderungen inzwischen recht nahe gekommen. Fünf D-Mark sind schließlich auch nur rund 2,50 Euro. Und dahin geht die Reise – ganz gleich, ob uns zeitweilig mal wieder sinkende Ölpreise eine Entspannung der Situation vorgaukeln oder nicht. Dass damit das Ende der Energiepreis-Explosion noch lange nicht erreicht ist, wissen die Experten längst – sie sagen es meist nur nicht.

Der Grund für alle diese Kostensteigerungen: unsere gesamte Wirtschaft ist auf das stete Vorhandensein von billigem Erdöl aufgebaut. Industrie (z.B. Kunststoffe, Schmierstoffe), Verkehr (Autos, Flugzeuge), Landwirtschaft (Traktoren, Kunstdünger) und nicht zuletzt die Haushalte (Heizung, Strom etc.) sind von diesem schwarzen „Flüssig-Gold" völlig abhängig. Doch das Erdöl-Zeitalter geht zu Ende: immer mehr Quellen versiegen, wirklich neue Lagerstätten gibt es nur noch in extremen Klimazonen oder tief unter den Ozeanen, wo sie aufwändig und teuer erschlossen werden müssen. Der „Global Peak Oil", der Zeitpunkt der höchsten Welt-Ölfördermengen steht unmittelbar bevor – oder liegt sogar schon knapp hinter uns [Lit]. Dazu kommt, dass sich mit China und Indien zwei Milliarden-Völker dem westlichen Lebensstandard und seinem hohen Energieverbrauch annähern.

Lassen Sie sich also keine falschen Hoffnungen machen. Das Zeitalter der billigen Energie kehrt nicht mehr zurück; es war eh' nur eine kurze, ungewöhnliche Epoche in der Menschheitsgeschichte. Sinkende Ölfördermengen und steigende Konsumentenzahlen werden zu immer höheren Energie- und sonstigen Preisen führen. Da helfen auf Dauer auch keine staatlichen Subven-

tionen oder kurzfristige Erhöhungen der Fördermengen. Selbst andere abbaubare Energieträger können die schwindenden Öl- und Gas-Reserven kaum ersetzen:
Uran reicht ungefähr nur so lange wie das Erdöl – vorausgesetzt, der Verbrauch bleibt gleich und wird nicht noch gesteigert. Der Einsatz von Uran ist wegen der notwendigen Sicherheitstechnik und Entsorgung sehr teuer. Neue Konzepte wie der „Traveling-Wave-Reactor“ (TWR, deutsch: Laufwellen-Reaktor) [Lit], der auch die großen Reserven an Uran 238 nutzen könnte, sind bisher nur eine wage Hoffnung.
Die *Kohle* wird beim flächendeckenden Einsatz als Erdöl-Ersatz zu erheblichen Umweltschäden führen. Und auch sie ist nicht unbegrenzt verfügbar.
Nachwachsende Rohstoffe können nur einen kleinen Teil des benötigten Erdöls ersetzen; ein großflächiger Anbau würde Nahrungspflanzen verdrängen und unsere Lebensmittel so erheblich verteuern.
Methanhydrate auf dem Tiefseegrund lassen sich zwar theoretisch abbauen. Aber ob man das in großem Umfang wirklich durchführen kann, ist wegen der Klimafolgen (CO2) und der sonstigen entstehenden Gefahren (Tsunamis) noch höchst ungewiss. [Lit]
Selbst die *Erneuerbaren Energien* [Lit] werden uns künftig einen solchen Verschwendungsluxus wie bisher nicht mehr erlauben.

Was kann man also tun? „Man“ kann überhaupt nichts tun! Der Einzige, der hier wirklich etwas tun kann, sind Sie, lieber Leser. Sie können Ihren täglichen Energieverbrauch drosseln, sich von der allgemeinen Ressourcenverschwendung unabhängiger machen. Dabei will Ihnen dieses Buch helfen und neue Anregungen vermitteln. Und zwar auf zweierlei Wegen: erstens durch Tipps für den Bau bzw. die Renovierung. Hier lässt sich durch kluge Planung die künftige Energieverschwendung schon im Ansatz verhindern. Und zweitens durch Tipps für die Nutzung von Energie und Ressourcen, für einen alltäglichen Verbrauch, der Ihren Geldbeutel schont.

Wir werden uns also ein Haus vorstellen, mit seiner Lage, seinem Grundstück, seinen Versorgungsleitungen, und es dann Raum für Raum durchwandern, um überall nach Einsparmöglichkeiten und den Ursachen der Verschwendung Ausschau zu halten. Jeder Raum steht dabei auch für eine bestimmte Nutzungsart. Wenn Sie selbst z.B. keine Waschküche haben, sondern Ihre Waschmaschine in der Küche steht, macht das nichts: lesen Sie auch das Kapitel „Waschküche“, weil es Sie auf neue Spar-Ideen und bessere Lösungen bringen kann.

Lesen Sie also das Buch und gehen Sie dann durch Ihre eigenen „vier Wände“. Schreiben Sie sich auf, was Sie in den einzelnen Räume ändern können/wollen. Und setzen Sie das dann konsequent um. So stoppen Sie Ihre steigende finanzielle Belastung durch die Energiepreise und Ressourcenkosten.
Wenn Sie zu einem Thema mehr wissen wollen, verweist ein „[Lit]“ im Text auf zusätzliche Literatur – meist aktuelle Internett-Adressen – am Ende des jeweiligen Kapitels.

Was bringen Ihnen die einzelnen Energiesparmaßnahmen finanziell? Sicher könnte man die Geld-Ersparnis bei den Einzelmaßnahmen in Euro und Cent ausdrücken. Nur ist eine solche Auflistung sinnlos in einem Markt, dessen Energiepreise steigen und künftig weiter steigen werden. Besser ist es, wenn Sie gleich bei sich zu Hause überprüfen, welche Sparmaßnahmen Sie schnell und einfach umsetzen können. Und auch gleich damit beginnen!

Denken Sie immer daran: wer bei Energie und Ressourcen spart, tut zugleich etwas für unsere Umwelt und für die Zukunft unserer Kinder. Erdöl ist zu wertvoll, um aus dem Auto-Auspuff hinaus gejagt zu werden; wir brauchen es auch künftig für Industrie, Kunststoffe und Pharmazie. Uran ist zu wertvoll, um es in Atomkraftwerken zu Strom für elektrische Staubsauger zu verwandeln; die Menschheit wird es künftig für die „Eroberung“ des Weltraums brauchen.

Wenn wir uns heute keine Einsparmöglichkeiten überlegen und diese umsetzen, werden wir schon bald in die kommenden Kriege um Rohstoffe verwickelt werden. Das kann niemand wollen. Deshalb hat das Sparen bei Energie und Ressourcen nichts mit privatem Geiz zu tun, sondern ist vorausschauendes Handeln für eine bessere und friedliche Zukunft der Menschheit.

Literatur:
Global Oil-Peak
http://www.energiekrise.de/
http://www.peakoil.net/

Traveling-Wave-Reactor
http://www.intellectualventures.com/docs/terrappower/IV_Introducing%20TWR_3_6_09.pdf
http://www.popsci.com/environment/article/2009-06/safer-nuclear

Studie des Wissenschaftlicher Beirat der Bundesregierung Globale Umweltveränderungen (WBGU) zur Destabilisierung von Methanhydraten
http://www.wbgu.de/wbgu_sn2006_ex01.pdf

Erneuerbare Energien
http://www.erneuerbare-energien.de/
http://www.bee-ev.de/
http://www.bioenergie.de/
http://www.geothermie.de
http://www.dgs.de/
http://www.wasserkraft-deutschland.de/
http://www.wind-energie.de/
http://www.h2gate.com

1. Haus und Grundstück

1.1. Die Objektwahl

Ein Haus zu bauen oder es zu kaufen und es dann zu modernisieren ist, neben dem Kinderkriegen, eine der größten Investitionen, die ein Privatmensch tätigen kann. Hier sollte man also mit besonderer Umsicht vorgehen.
Viele Hausbesitzer schneiden sich so zu sagen schon bei der Planung und beim Haus-(aus-)bau oder -kauf ein Loch in ihren Geldbeutel, das sie später nie wieder geflickt bekommen. Sie treffen Entscheidungen, die dauerhaft nicht mehr vermeidbare Kosten nach sich ziehen, die über Jahre bezahlt werden müssen. Und selbst wenn sie das Objekt eines Tages verkaufen, dann mindern ihre einstigen Fehlentscheidungen den Verkaufswert noch nach Jahrzehnten. Also, tun Sie sich selbst und Ihren Erben einen Gefallen, und vermeiden Sie diese Fehler.

Sie bauen/renovieren

Kluge Hauswirtschaft im wahrsten Sinne des Wortes beginnt bereits bei der Auswahl des Grundstückes, ganz gleich, ob Sie bauen oder kaufen:

Liegt Ihr Objekt nahe eines regionalen Zentrums mit Einkaufsmöglichkeiten, Schulen, Arztpraxen etc. oder ist es verkehrstechnisch gut angebunden?
Das ist wichtig, denn mit den sinkenden Bevölkerungszahlen und den steigenden Verkehrskosten wird es in Zukunft zu einer stärkeren Konzentration der Menschen in Städten/Orten kommen. Nur die wenigsten künftigen Käufer Ihres Hauses möchten „allein auf weiter Flur“ wohnen, es sei denn, Ihre „eigenen vier Wände“ eignen sich als Erholungs- und Urlaubsdomizil.
Wegen der steigenden Energiekosten wird es immer wichtiger, tagtäglich notwendige Wege für kleines Geld oder zum Nulltarif durchführen zu können. Schön also, wenn Sie Ihre Einkäufe mit dem Fahrrad und Ihre Arztbesuche zu Fuß erledigen können.

Gut, wenn zumindest öffentliche Verkehrsmittel Sie zur Arbeit und ihre Kinder zur Schule bringen. Dann müssen Sie nicht täglich den Automotor anwerfen und sparen so Geld.
Beachten sollte man, dass die Verkehrsanbindung generell gut ist und nicht nur für jetzigen Weg zum aktuellen Arbeitsplatz. Denn selbst wenn Sie Ihren Arbeitsplatz nur innerhalb Ihrer Region wechseln, kann der Verkehrsweg dann ein ganz anderer sein.

Hat Ihr Objekt einen (großen) Garten?
Je mehr Menschen ihre Arbeitszeit dicht vor dem Bildschirm verbringen, desto mehr legen Wert darauf, schnell mal im Grünen ausspannen zu können. Da ist der eigene, hausnahe Garten natürlich die „erste Adresse". Und der sollte nicht zu klein sein (<500 qm), denn wer möchte schon den direkten Blick auf den Bürobildschirm mit dem direkten Blick auf die Wand des Nachbarhauses tauschen. Außerdem kann es nicht schaden, in Zeiten steigender Lebensmittelpreise auf Obst aus dem eigenen Garten zurückgreifen zu können.
Dazu kommt: manche regenerative Energien lassen sich nur auf einem Grundstück nutzen, das groß genug ist. Zudem kann es gerade im Energiebereich künftig Entwicklungen (s.u.) geben, für deren Nutzung ein gewisser Bedarf an Fläche notwendig ist.

Ist Ihr Objekt unverschattet und hat es freie Flächen?
Wer kostenlose Sonnenenergie nutze möchte, muss aus Südosten, Süden oder Südwesten ungehinderte Sonneneinstrahlung zumindest auf sein Hausdach haben. Verschattungen entstehen durch Nachbarhäuser, hohe Bäume auf fremden Grundstücken oder auf dem eigenen – wenn es z.B. keine Fällgenehmigung gibt.
Freie Flächen sind wichtig für eine Erdwärme-Heizung oder die Aufstellung eines Windrades.

Ist Ihr Objekt nach Norden hin geschützt und liegt es nicht gerade in einer Kaltluftmulde?

Prima, wenn Sie bereits durch die Nachbarbebauung oder durch die Bepflanzung auf anderen Grundstücken vor kalten Nordwinden geschützt sind. Auch sollten Sie Ihr Haus trotz des eventuell schönen Ausblicks nicht gerade auf einer Hügelkuppe bauen, sondern eher an einem geschützten Südhang. Allein dadurch lassen sich schon rund 15 Prozent Heizenergie sparen.

Hat Ihr Objekt eine eigene Wasserversorgung?
Ein eigener Brunnen oder der direkte Zugang zu einem Bach/Fluss garantieren Ihnen auch dann Wasser, wenn wegen der zunehmenden Temperaturen und der damit verbundenen Wasserknappheit das Bewässern der Gärten aus dem öffentlichen Trinkwassernetz verboten wird. Und bei künftig zunehmenden Wasserpreisen ist es sicherlich kein Fehler, sich auf diesem Gebiet etwas unabhängiger zu machen.

Sind die Baumaßnahmen bei Ihrem Objekt nicht durch zu viele Bauvorschriften eingeschränkt?
Wenn sich z.B. Ihr Haus/Anbau oder der neue Carport mit der Fotovoltaikanlage darauf wegen des Bebauungsplanes oder anderer Vorschriften nicht nach Süden hin ausrichten lassen, haben Sie ein Problem. Informieren Sie sich daher rechtzeitig über die entsprechendeen Vorschriften und Möglichkeiten beim zuständigen Bauamt.

Ist die Umgebung Ihres Objektes umweltfreundlich?
Direkte und dauerhafte Ausdünstungen von Kläranlagen oder Lärm von Hauptverkehrsstraßen, Eisenbahnen etc. werden den Wiederverkaufswert ihres Objekts verringern.

Ist Ihr Objekt ein Haus in Deutschland, das nach 1977 gebaut wurde?
1976 verabschiedete der Deutsche Bundestag das „Gesetz zur Einsparung von Energie in Gebäuden“ (EnEG), das mit der Wärmeschutzverordnung (WSVO) von 1977 und der Heizangsanlagenverordnung von 1978 umgesetzt wurde. Damit wurden erst-

mals gewisse (heute natürlich längst überholte) Mindeststandards für Gebäude festgelegt, mit denen Sie bei vor dieser Zeit gebauten Objekten nicht rechnen können. Je älter das Objekt ist, desto höher ist meist der Sanierungsbedarf und die entsprechenden Kosten.

Ist Ihr Objekt ein Doppel- oder Reihenhaus?
Dann können Sie mit einem geringeren Heizungsverbrauch rechnen, da Ihnen im Vergleich zum Einfamilienhaus ein bis zwei Außenwände fehlen. Zudem haben solche Objekte meist eine kleinere Straßenfront, was Geld spart, wenn die Kosten von öffentlichen Straßenbau-Maßnahmen auf die Anwohner umgelegt werden.

Ist Ihr Objekt Teil einer Mehrparteien-Anlage, deren Teilungserklärung Ihnen Spielraum für Energiespar-Maßnahmen lässt?
Wenn Sie eine Eigentumswohnung oder ein Reihenhaus erwerben, so können Sie persönlich über verschiedene Teile der Wohnanlage nicht frei verfügen, auch wenn diese Teile eigentlich zu Ihrem privaten Eigentum gehören. Das betrifft z.B. die Außenwände Ihres Reihenhauses oder das Dach, die Balkonfassade, den Fenstertyp etc. Die rechtlichen Vorgaben finden sich z.B. in Deutschland im Wohnungseigentumsgesetz (WEG). Weiteres wird durch die „Teilungserklärung" für Ihr Objekt geregelt, welche Ihr Eigentum gegen das der anderen Parteien abgrenzt. Lassen Sie sich gegebenenfalls durch einen Juristen Ihres Vertrauens oder durch den entsprechenden Grundeigentümer-Verband beraten, welche Energiespar-Möglichkeiten Ihnen nicht verwehrt werden können. Denn unter Umständen legt die Mehrheit der Eigentümer-Gemeinschaft ein Veto ein, wenn Sie auf dem Dach Ihres Reihenhauses eine Solaranlage errichten wollen.

Ist Ihr Objekt Teil einer Mehrparteienanlage, die keine Energie verschlingenden Gemeinschaftseinrichtungen hat?
Solche Einrichtungen können ein Schwimmbad, eine Sauna, aber auch ein Fahrstuhl sein. Diese Dinge produzieren eine gewisse

„Grundlast“ an Energiekosten, die zu Ihrem privaten Energieverbrauch hinzu kommt, sich aber anders als dieser nicht wirklich von Ihnen beeinflussen lässt.

Das oben Gesagte gilt natürlich nicht nur für Ihr Alltagshaus, sondern auch für Ihr Feriendomizil. Wenn dieses z.B. von Ihrem Heimatland aus nur mit Kerosin verschlingenden Flugreisen zu erreichen ist, haben Sie erst einmal höhere Nutzungskosten und beim späteren Verkauf wahrscheinlich einen geringeren Erlös. Wer sich als Europäer im Zeitalter steigender Rohöl-Preise ein Zweitheim in Florida leistet, wird es zumindest in Europa langfristig kaum ohne erhebliche Wertverluste wieder verkaufen können. Und wer im Urlaub stets in den eigenen vier Wänden auf einer kleinen Mittelmeerinsel residiert, auf die selbst das Wasch-Wasser per Schiff gebracht werden muss, muss künftig noch „tiefer in seine Taschen greifen“.

Diese Liste von Kriterien sollten Sie vor dem Kauf eines Grundstücks, Hauses etc. bedenken. Sicher ist nicht jeder der o.a. Punkte ein k.o.-Kriterium für eine Kaufentscheidung. Eine eigene Wasserversorgung z.B. wird sicher in den meisten Fällen fehlen – deshalb brauchen Sie nicht gleich von dem Kauf Abstand zu nehmen. Aber generell ist es gut zu wissen, was die Wertentwicklung Ihrer Immobilie künftig beeinflussen kann.

Haben Sie sich für ein Grundstück/Haus entschieden, dann können wir mit den Überlegungen zum Hausbau/Umbau beginnen. Jedes Haus ist natürlich individuell und spiegelt die Bedürfnisse und Vorlieben seiner Bewohner wieder. Dennoch gibt es auch hier einige Regeln, deren Beherzigung das künftige Energie- und Geldsparen erleichtert:

Je kompakter die Bauweise eines Hauses ist, je weniger Außenfläche es hat, desto geringer ist sein Bedarf an Heizenergie. Ein Artrium- oder Winkel-Bungalow verbraucht also mehr als ein gleichwertiges, gleich großes Haus in Würfelform. Erker, Dach-

gauben, vorspringende oder zurück liegende Eingangsbereiche vergrößern die Außenfläche.
Sie können dagegen die effektive Außenfläche Ihres Hauses nochmals reduzieren, indem Sie im kalten Norden eine Garage/einen Carport an die Hauswand bauen und im sonnigeren Süden/Westen einen Wintergarten. Verzichten sollten Sie im Norden auf Abböschungen, da sich dort die kalte Luft vor den Fenstern sammelt.

Generell sollte man schauen, dass sich an der Nord- oder Wind-und-Wetter-Seite möglichst wenige Fenster, Erker, Blumenfenster etc. befinden, da durch diese Elemente mehr Wärme entweicht als durch gerades, glattes Mauerwerk. Apropos Mauerwerk: weder die ungedämmten traditionellen Backstein-Bauten noch die angeblich „supereleganten" Glasfassaden mancher Architekten-Häuser können Vorbild für eine Energie sparende Architektur sein. Insbesondere manche Glasfassaden verlieren trotz ihrer modernen Anmutung bis zu dreimal soviel Wärme wie ein sehr gut gedämmtes Mauerwerk und verbrauchen im Sommer durch die große Lichteinstrahlung häufig viel Energie für die Klimatisierung.

Das (Haus/-) Dach sollte so zur Sonnenseite ausgerichtet und das Dach entsprechend geneigt sein, so dass es ohne große bauliche Veränderungen Solaranlagen (Solarthermie zur Warmwasser-Erzeugung und/oder Fotovoltaik zur Solarstrom-Erzeugung, s.u.) aufnehmen kann. Je einfacher die Dachform, desto geringer sind schon die Baukosten; ein Pult- oder Satteldach ist daher im Allgemeinen einem Mansard- oder Walmdach vorzuziehen. Bei nach Norden abgeschrägten Pultdächern ist allerdings zu bedenken, dass für Solaranlagen eine Aufständerung notwendig wird.
Große Dachüberstände schützen die Außenwände vor (kalter) Feuchtigkeit (Regen, Hagel, Schnee). Ausfahrbare Sonnenmarkisen, zumindest über der Terrasse und dem Balkon, machen auch an heißen Sommertagen die Nutzung dieser Außenflächen möglich; zudem verhindern sie die Aufheizung der dahinter liegen-

den Räume und sparen so die Anschaffungs- und Betriebskosten einer Klimaanlage.

Hölzerne Fensterläden an allen Fenstern schützen diese nicht nur vor herum fliegenden Gegenständen bei starken Stürmen. Sie dienen auch als zusätzliche Isolierung bei kalten Winden oder zu intensiver Sonneneinstrahlung und machen zudem Einbrechern das Leben etwas schwerer.
Es ist sicherlich bequemer, wenn Sie statt der Fensterläden elektrische Rollläden, möglichst noch mit Zeitwahl-Automatik, verwenden. Nur wären Sie nicht der/die Erste, der/die während einer lauen Sommernacht im Garten von den Rollläden aus dem eigenen Haus ausgesperrt wurde. Zudem lassen sich elektrische Rollläden ebenso wie elektrische Markisen bei Stromausfällen, z.B. während eines Gewittersturms, nicht bewegen. Dann kann der normale Stromverbrauch dieser Technik wirklich das kleinste aller Probleme sein.
Wenn Sie auf Rollläden nicht verzichten wollen, sollten Sie in die Wand eingelassene Rollläden-Kästen vermeiden. Diese sehen zwar vielleicht eleganter aus, aber sie bilden vielfach „Wärmebrücken“, d.h. Ihre Heizenergie entweicht hierdurch verstärkt nach außen. Besser ist es also, die Rollläden-Kästen außen an die Wand zu setzen.

Für die meisten „Häuslebauer“ ist die Fassade nur eine Frage des guten Aussehens, der Ästhetik. Und schon bei der Fassaden-Auswahl werden jede Menge künftige Kosten produziert: die Entscheidung für eine Putzfassade, weiß oder in modischem Hellgelb, sollten Sie sich gut überlegen. Denn selbst wenn nicht in unmittelbarer Nähe stehende hohe Bäume schon bald einen Neuanstrich erfordern, wird dieser in einigen Jahren wegen der allgemeinen Luftverschmutzung dennoch auf Sie zukommen.
Dagegen ist eine Ziegelverblendung, möglichst mit dunklen, glatten, hart gebrannten Ziegeltypen meist die dauerhaftere Alternative. Diese Ziegel können dabei gut Wärme speichern; eine entsprechend ummauerte Terrasse (oder ein Balkon) kommt da-

her nach einem Sonnentag abends relativ lange ohne die Energie schluckenden Heizstrahler/Heizpilze aus.

Wenn Sie möglichst sämtliche Räume mit Fenstern – und seien es manchmal auch nur kleine – versehen, ersparen Sie sich später eine künstliche Belüftung (Toilette) und den häufigen Einsatz künstlicher Beleuchtung. Bei manchen Innen-Räumen, die aus baulichen Gründen keine Außenwand haben können oder sollen wie z.B. Fluren, Treppenhäusern etc. hilft eine indirekte Beleuchtung über andere Räume mittels Glastüren, durch Oberlichter oder Sonnenröhren (siehe unten Thema Licht). Auch ein Lichtfenster über dem Treppenhaus erspart tagsüber das Anschalten der Beleuchtung in diesem Bereich. Allerdings sollte man die modischen, offenen Treppenhäuser meiden, da hier die Wärme über alle Stockwerke hinaus ins Dachgeschoss entweicht. Apropos Fenster: auch das beste Fenster hält nicht so viel Wärme zurück wie eine gut gedämmte Wand. Gönnen Sie Ihrem Haus daher zumindest Fenster mit Dreifach-Verglasung, da das schon bald Standard seien wird.

Künftige Kosten für Installations-Maßnahmen können Sie vermeiden durch den Einbau eines Leerrohrsystems, das sämtliche Räume erreicht. Ein solches System erhöht die Baukosten um ca. zwei Prozent, ermöglicht aber bei richtiger Planung künftig die problemlose Verbindung der Zimmer über innovative Kabelsysteme oder die Installation einer Solaranlage auf dem Dach [Lit].

Wichtig, aber meist wenig beachtet, ist die Auswahl der Bodenbeläge, die man in die Gruppen Stein, Holz, Kork, Kunststoff und Textilien einteilen kann. Jede Fußbodensorte hat dabei ihre speziellen Vor- und Nachteile:
Stein-Fußböden (Natursteine wie Granit, Marmor, Solnhofer Platten oder künstliche Fliesen – glasiert oder unglasiert) sind zumeist langlebig, fest und gut zu reinigen: das Fegen und Wischen reicht zumeist, auf das Staubsaugen (=Stromverbrauch) kann verzichtet werden. Sie eignen sich zudem gut beim Einsatz

einer Fußbodenheizung. Bei Beschädigung, etwa durch herab fallende Metallstücke oder chemische Flüssigkeiten, ist ein Austausch allerdings aufwändig und teuer.

Holz-Fußböden (verschiedene Parkett-Formen, Holzdielen, Bohlen) eignen sich zwar nicht gut für Fußbodenheizungen und Naßräume (Badezimmer, Waschküche), sind aber fast ebenso gut zu reinigen wie Stein-Fußböden. Sie bestehen entweder aus weichen Nadelhölzern oder beim Parkett aus Harthölzern wie Buche, Eiche, Bambus etc. Buche hat dabei den Nachteil, dass sie empfindlich gegen Feuchtigkeit ist und dann aufquillt. Achten Sie bei allen Holzfußböden auf gute Qualität und ausreichende Dicke: dann lassen sich die Böden nach einigen Jahren auch abschleifen, Dellen und Kratzer lassen sich ausbessern.

Kork-Fußböden sind weicher, wärmer, aber auch poröser als Holz-Fußböden. Sie erzeugen weniger Trittschall, lassen sich aber auch weniger gut reinigen. Ein flächendeckendes Abschleifen ist so nicht möglich; bei größeren Beschädigungen muss der Korkbelag ausgetauscht werden.

Kunststoff-Fußböden gibt es in harter (Laminat) oder weicher (PVC) Ausführung und in unterschiedlicher chemischer Zusammensetzung. Wegen dieser unterschiedlichen Zusammensetzung sind auch die Einsatzmöglichkeiten unterschiedlich; während Laminat meist auch in feuchten Räumen einsetzbar ist, gilt das für Linoleum (Kunststoff aus natürlichen Grundstoffen) nicht. Kunststoff-Fußböden sind generell billiger als Holz-Fußböden, wirken aber auch billiger, und sind stärker den Moden unterworfen. Daher kann man gezwungen sein, den Boden später wegen einer Beschädigung zimmerweise auszutauschen, weil es nach Jahren diesen Belag-Typ/dieses Muster nicht mehr im Handel gibt.
Auch bei Kunststoff-Fußböden sollten Sie ggf. auf Qualität und Schadstofffreiheit achten!

Textile Fußböden können aus Naturfasern oder Kunststofffasern bestehen und werden wegen ihrer Wärme geschätzt. Allerdings sind sie relativ empfindlich gegen Feuchtigkeit, und eine Reparatur bzw. ein Auswechseln einzelner Abschnitte hinterlässt deutliche Spuren. Zudem kommen Sie als Teppichboden-Besitzer kaum um den Einsatz eines Staubsaugers herum; höhere Stromkosten, aber auch von Zeit zu Zeit die Leihgebühr für ein Shampooniergerät sind also vorprogrammiert.

Die oftmals günstigere Alternative ist ein fester Fußboden (Stein, Holz) plus einem Teppich. Der Teppich kann bei Beschädigungen nicht nur leichter ausgewechselt werden; er lässt sich auch einfach und Energie sparend reinigen, indem man ihn über einer Teppichstange oder Kinderschaukel im Garten ausklopft etc.

Sie sparen

Wichtig für den Werterhalt des Hauses/der Eigentumswohnung und ein erfolgreiches Energiesparen ist die Instandhaltung des Objektes, das schnelle Ausbessern von Schäden, Undichtigkeiten etc. Dazu sollten Sie mindestens zweimal im Jahr (Frühjahr und Herbst) Ihr Haus von außen inspizieren. Das hilft zudem, größere Reparaturkosten zu vermeiden:
Ist das Dach unversehrt oder fehlen Dachpfannen, Schindeln etc.?
Sind die Dachrinnen frei von Blättern, Moosen etc. und funktionieren die entsprechenden Abflüsse?
Ist das Mauerwerk/der Putz intakt oder gibt es hier Löcher und Risse, durch die Feuchtigkeit in die Gebäudehülle eindringen kann?
Sind alle lackierten Holzteile noch hinreichend mit Farbe versehen und so vor der Verwitterung geschützt?
Schließen die Außentüren/Fensterrahmen dicht und gibt es keine Sprünge in den Scheiben?
Sind die Abdichtungen an den technischen Installationen (z.B. Lampen, Außen-Steckdosen, Wasserhähne, Abluftrohre, Leitun-

gen der Solaranlage) o.k., so dass auch hier keine Feuchtigkeit eindringen kann?
Haben sich keine Bäume oder Klettergewächse an den Hausmauern angepflanzt, die mittelfristig das Mauerwerk beschädigen könnten?
Zu diesen regelmäßigen Begutachtungen sollten Sie natürlich auch direkt nach Unwettern eine Inspektion vornehmen.

Sie können sich ein eigenes Haus/eine Eigentumswohnung nicht leisten? Dann haben Sie immer noch die Möglichkeit, als Mieter in ein Haus/eine Wohnung um zuziehen, die den oben angegebenen Punkten möglichst genau entspricht. Denn für viele Mieter machen die Energiekosten in Form der „Betriebskosten" mittlerweile eine „zweite Miete" aus. Dazu kommen die Transportkosten (z.B. zwei Autos pro Familie etc.), die sich immer mehr zu einer „dritten Miete" aus wachsen. Mittlerweile gibt es auch im Internet für einzelne Regionen (Hamburg, Thüringen) interaktive Rechner/Infoseiten, die die Kosten für die Wahl des Wohnstandortes ermitteln bzw. entsprechende Entscheidungshilfen für Kauf und Anmietung liefern [Lit]. Es werden sicherlich bald weitere Städte/Regionen hinzu kommen.

Dabei müssen die Realmieten bei solchen Objekten nicht einmal höher sein als bei den weniger günstig gelegenen und weniger gut sanierten Häusern/Wohnungen. Schließlich bestimmen Sie, was für Sie „günstig gelegen" bedeutet. Und da kann es wichtiger sein, dass Ihr Kind morgens einen kurzen Schulweg ohne elterlichen „Fahrdienst" hat, als die Nähe zu tollen Einkaufsmöglichkeiten. Manchmal lassen sich Energiekosten schon allein dadurch sparen, dass man in einer schönen Wohnanlage die innen liegende Wohnung oder das Mittelreihenhaus wählt und so die kalten Außenwände reduziert.

Literatur:
Leerrohrsysteme
http://www.leerrohrberater.de

Wohnungs-Standort-Wahl
http://www.womo-rechner.de/partner.php
http://www.refina-info.de/de/produkte/index.php (KomKoWo)

1.2. Dämmen, Heizen, Kühlen

Nach Studien der „Deutschen Energieagentur“ (DENA) entfallen in den deutschen „Vier Wänden“ 87 Prozent des gesamten Energiebedarfs allein auf die Wärme-Erzeugung, wobei die Raumheizung 75 Prozent verbraucht und die Warmwasserbereitung 12 Prozent. In diesem Bereich, in dem also die meiste Energie verbraucht wird, gibt es auch das höchste Einsparpotential – nicht beim Strom und nicht beim Auto! Kein Wunder also, dass nach Berechnungen des bundesdeutschen Bauministeriums die privaten Haushalte in einem Zeitraum von nur 13 Jahren 50 Milliarden Euro Heizkosten durch Dämmung und Modernisierung einsparen könnten.

Sie bauen/renovieren

Ja, Sie haben richtig gelesen: eine gute Dämmung kommt noch vor der Heizung. Von der Erneuerung wirklich alter Heizungsanlagen einmal abgesehen, gibt es keinen Bereich, wo Sie am Haus so viel Geld sparen können wie mit der richtigen Dämmung. Wenn Sie Ihr Haus nicht zuerst gut gedämmt haben, brauchen Sie sich über zukunftsweisende Heizungskonzepte gar keine Gedanken machen.
Und: ein gut gedämmtes Haus sorgt auch im Sommer dafür, dass sich die Innenräume nicht unnötig aufheizen und Sie auf eine Klimaanlage verzichten können.

Gedämmt werden sollten das Hausdach, die Außenwände, der Keller, die Decken zwischen den Geschossen (insbesondere zu den kühleren Bereichen wie Keller und Dachboden hin), die Warmwasserrohre, sowie die Fensterbereiche:

Beim *Hausdach* sollte die Dämmschicht über 20 Zentimeter betragen; meist reicht dabei eine kostengünstigere Innendämmung, d.h. das Dämmmaterial wird von innen an der Dachkonstruktion angebracht. Als Dämmstoffe kommen Mineralwolle oder nachwachsende Rohstoffe in Frage.

Die *Außenwände* sollten möglichst von außen gedämmt werden, da bei jeder Innendämmung Nutzraum verloren geht, was im Wohnbereich natürlich eine größere Rolle spielt als auf dem Dachboden. Neueste Verfahren wie z.B. der Einsatz von Vakuum-Isolationspaneelen (VIP) machen eine erheblich bessere Dämmung als noch vor wenigen Jahren möglich [Lit]. Vermeiden Sie Wärmebrücken (z.B. am Dachansatz oder bei Rollläden) und die „Durchlöcherung" der schützenden Fassade (Katzenklappe, Dunstabzugsrohr für die Küche oder den Abluft-Wäschetrockner). Bei denkmalgeschützten Fassaden oder bei Einsprüchen einer Miteigentümer-Gemeinschaft können Sie allerdings bei Ihren Renovierungsarbeiten gezwungen sein, auf eine Innendämmung auszuweichen.
In jedem Fall können Sie beim Renovieren die Außendämmung dadurch unterstützen, dass Sie in Ihren Innenräumen die Heizkörper aus ihren Mauernischen heraus holen, die Mauernischen zumauern und zwischen den davor gesetzten Heizungkörpern und der neuen Innenwand eine Reflexionsfolie auf der Innenwand anbringen. In Neubauten sind die Heizkörper-Nischen, die eine sinnvolle Wärmezirkulation beeinträchtigen, zum Glück nicht mehr üblich.

Der *Keller* erhält zum Schutz des Mauerwerks meist eine Außendämmung, zumal die Dämmung anschließend unsichtbar ist und daher bei Doppel- und Reihenhäusern keine Einsprüche von Nachbarn wegen einer veränderten Hausfassade erfolgen können. Zur Außendämmung können weitere Innnendämmungs-Maßnahmen (Isolierung des Kellerfußbodens etc.) hinzu kommen.

Geschossdecken werden gewöhnlich von der kühleren Seite aus gedämmt (mit einer Dämmschicht versehen), also der Fußboden des Dachbodens und die Decke des Kellers und nicht etwa die Decke des Obergeschosses oder der Fußboden des Erdgeschosses. Gedämmte Geschossdecken sparen nicht nur Energie sondern sie dienen auch als Schallschutz. In Altbauten mit hohen Räumen können Sie zudem auch im Wohnbereich die „Decken abhängen", d.h. eine zusätzliche Decke einziehen, die die Raumhöhe verringert und so Energie spart.

Warmwasserrohre müssen vor allem im kühlen Keller gedämmt werden, da sie dort als – nutzlose – Heizung wirken und unnötig Energie verschleudern. Selten dürfte dagegen eine Isolierung von Kaltwasserrohren in warmen Räumen wegen des Kondenswasser-Niederschlags erforderlich sein.

Zum *Fensterbereich* gehören nicht nur Fenster mit guten Wärmeschutzverglasungen (Edelgasfüllung, sehr dünne Silberbeschichtung, möglichst Dreifach-Verglasungen), sondern auch entsprechend isolierte Fensterrahmen. Trotz der Fortschritte bei der Isolierung dämmen Fenster immer noch schlechter als gut isolierte Wände; daher sollten Sie nicht auf große Fensterflächen setzen. In naher Zukunft könnte allerdings das in der Entwicklung befindliche Vakuum-Isolierglas (VIG) den Qualitätsabstand zum Mauerwerk verringern.

Eine weitere Maßnahme zur Dämmung ist der Einbau einer automatischen Lüftungsanlage mit Wärmerückgewinnung, die das tägliche Öffnen der Fenster überflüssig macht. Die Anlage leitet die verbrauchte Raumluft durch einen Wärmetauscher nach außen, der damit die angesaugte Fischluft erwärmt. Da die Abluft im Wärmetauscher mehr als Dreiviertel ihrer Wärmeenergie an die Frischluft abgibt, lässt sich mit dieser Technik einiges an Energie sparen. Allerdings sind die Kosten mit € 5000-8000,-- sehr hoch. Die Anlage muss zudem zum Gesamtkonzept des Hauses und zu den Nutzungsbedürfnissen der Bewohner passen:

wer grundsätzlich bei gekipptem Fenster schläft oder von Mai bis September die Terrassentür offen lässt, damit der Hund frei raus und rein laufen kann, wird mit dieser Technik kaum Geld und Energie sparen können.

Bei vielen dieser Maßnahmen ist es sinnvoll, vorab einen Architekten/(Bau-)Ingenieur oder Energieberater [Lit] hinzu zu ziehen. Dieser wird versuchen, mit speziellen Verfahren (Thermographie, Blower-Door-Test) die speziellen Schwachstellen Ihres Gebäudes heraus zu finden. Die fachliche Beratung ist auch deshalb sinnvoll, da gerade bei älteren Häusern eine umfangreiche Dämmung durchaus Investitionen von € 50.000,-- erfordern kann und hierbei verschiedene öffentliche „Fördertöpfe“ für Sie in Frage kommen. Ansprechpartner in Deutschland vermittelt das Informations- und Beratungsprogramm „Haus sanieren – profitieren“ der „Deutschen Bundesstiftung Umwelt“ (DBU) [Lit].

Während die existierenden Altbauten heute noch 200-400 Kilowatt-Stunden pro Quadratmeter im Jahr (abgekürzt: kWh/qm/a) an Primärenergie verbrauchen, sind durch die verschiedenen Dämm- und Energiemaßnahmen bestimmte „Haustypen“ entstanden, deren Bezeichnungen der Laie schwer unterscheiden kann:

Das *KfW-Effizienzhaus-100/-85/-70/* etc. [Lit] beruht auf den Förderstandards der staatlich-deutschen „Kreditanstalt für Wiederaufbau“, die öffentliche Fördermittel verteilt und dabei günstige Kredite im Rahmen bestimmter Energiespar-Richtlinien vergibt. Diese Standards richten sich nach der jeweils aktuell gültigen Energie-Einsparungs-Verordnung (EnEV), derzeit fast nur die EnEV 2009. Die Effizienzhaus-Zahlen „100/-85/-70/“ etc. bedeuten einzelne Förderstufen und zeigen dabei auf, welchen prozentualen Primärenergiebedarf das Gebäude gegenüber dem gesetzlichen Standard-Neubau (EnEV) haben darf. Je geringer die Prozentzahl, desto höher ist die Förderung; künftig werden weitere Effizienzhaus-Typen (z.B. 55) dazu kommen.

Ein KfW-Effizienzhaus-100 entspricht also völlig den gesetzlichen Neubau-Standards der EnEV 2009 und wird daher nur als Sanierungsmaßnahme eines Altbaus auf Neubau-Standard gefördert. Die Neubau-Förderung beginnt mit dem KfW-Effizienzhaus-85. Neben diesen neuen Haustypen trifft man auch noch auf die älteren Bezeichnungen wie „KfW-70-Haus", „KfW-60-Haus" oder „KfW-40-Haus", die auf der Energie-Einsparungs-Richtlinien beruhen. Ein „KfW-70-Haus" nach EnEV 2007 entspricht einem KfW-Effizienzhaus-100 nach EnEV 2009. Ein „KfW-40-Haus", das einen Primäenergieverbrauch für Heizung + Warmwasser von 40 Kilowatt-Stunden pro Quadratmeter im Jahr (40 kWh/qm/a) hat, weshalb man auch von einem „4-Liter-Haus" sprechen könnte, entspricht einem KfW-Effizienzhaus-55 (EnEV 2007) oder in etwa dem Schweizer „Minergie-Standard" bzw. „Ökostufe 3" für Einzelhäuser in Österreich.
Wenn also ein Bauunternehmen künftig bei Ihnen mit dem Begriff Energiesparhaus wirbt, sollten Sie nachfragen, um wie viel der Energieverbrauch des Hauses über einem der o.a. KfW-Standards liegt und das auch in den Verträgen festhalten.

Das *Passivhaus* [Lit] ist so gut isoliert, dass es mit einem Primärenergie-Verbrauch von höchstens 15 Kilowatt-Stunden pro Quadratmeter im Jahr (15 kWh/qm/a) auskommt. Meist ist für ein solches „1,5-Liter-Haus" der Einbau der bereits angesprochenen automatische Lüftungsanlage mit Wärmerückgewinnung sowie eine unverschattete Südausrichtung notwendig. Der Passivhaus-Standard stammt vom Passivhaus-Institut in Darmstadt und entspricht in etwa dem Schweizer „Minergie-P-Standard" oder in Österreich der „Ökostufe 5". Das Passivhaus wird in Deutschland von der KfW gefördert.

Ein *Nullenergiehaus* [Lit] erzeugt im Jahresdurchschnitt (!) genau so viel Energie, wie es selbst für Heizung, Heißwasser und Strom verbraucht. Dazu müssen neben einer sehr guten Wärme-Isolierung auch Energie-Gewinnungstechniken (Solar, Wind, Erdwärme etc.) installiert werden. Dennoch müssen diese Häuser meist im Winter Energie von den Engergieversorgungs-Unternehmen beziehen, um dann im Sommer z.B. Strom ins Netz einzuspeisen.

Ein *Plusenergiehaus* [Lit] erzeugt mit seinen modernen Energie-Gewinnungstechniken im Jahresdurchschnitt (!) mehr Energie, als es selbst für Heizung, Heißwasser und Strom verbraucht. Dennoch bleibt auch dieser Typ meist im Winter auf Energielieferungen angewiesen, ist also nicht völlig energie-autark. Das erste deutsche Plusenergiehaus wurde 1994 im relativ warmen und sonnigen Freiburg/Breisgau errichtet.

Als Bauherr müssen Sie sich darüber klar sein, dass jeder Energiespar-Schritt vom Niedrigenergiehaus bis zum Plusenergiehaus die Baukosten deutlich erhöht – trotz der staatlichen Förderungsprogramme. Neben den finanziellen Aspekten spielen für die Entscheidung natürlich auch die geographischen und topographischen Gegebenheiten eine Rolle: wenn Sie z.B. ein Haus auf einem unverschatteten Grundstück mit eigenem Bach und entsprechenden Wasserrechten errichten, dann ist u.U. mit Hilfe von Solarkollektoren und einer Wasserturbine ein Plusenergiehaus machbar, während auf einem sonnen-, wind- und wasserarmen Grundstück eher an ein Passivhaus zu denken ist.
Welches der für Sie optimale Haustyp ist, können nur Sie selbst entscheiden. Bedenken Sie bei Ihren Entscheidungen, dass die Energiekosten künftig steigen werden.

Zum Dämmen des Hauses kommt in unseren Breiten auch das Heizen. Hier stehen heute mehrere Heizungs-Alternativen zur Auswahl:

Mineralöl, Erdgas und Fernwärme sind heute als Zentralheizungen die verbreitetsten Heizungssysteme, während die Steinkohle-Heizung nur noch eine untergeordnete Rolle spielt.
Mineralöl [Lit] können Sie bevorraten, d.h. in einer Zeit niedriger Preise (z.B. im Sommer) günstig einkaufen; Sie brauchen

aber auch entsprechenden Raum für die Tanks. Dafür sind Sie aber nicht so sehr von bestimmten Lieferanten abhängig – weder bei der einzelnen Lieferung noch im Blick auf die Erzeugerländer, denn Öl wird rund um die Welt gefördert und transportiert.

Erdgas [Lit] ist bequem, wird rund um die Uhr lautlos in Ihr Haus geliefert und verbraucht bei Ihnen keinen Platz für Tanks. Mit Gas binden Sie sich aber auch längerfristig an einen bestimmten Lieferanten, der wegen des Pipeline-Netzes wiederum selbst von einigen wenigen Förderländern abhängig ist, die mit ihren Preisen und Fördermengen durchaus auch Politik machen könnten. Und heimisches Biogas, von einigen Lieferanten bereits jetzt beigemischt, wird die Erdgaslieferungen aus dem Ausland nur in bescheidenem Umfang ersetzen können.
Ganz gleich, ob Sie sich für Öl oder Erdgas entscheiden – bei einer anstehenden Renovierung sollten Sie auf einen modernen Brennwertkessel setzen: weil diese Kessel auch die Kondensations-Wärme des Abgas-Wasserdampfes nutzen, können sie bis zu 98 Prozent der Brennstoff-Energie in Heizwärme umwandeln und so nutzbar machen. Weil solche Kessel meist für Jahrzehnte angeschafft werden, sollten Sie nicht nur die Preise der Hersteller (€ 6.000-8.000,--) mit einander vergleichen, sondern auch die Testergebnisse bezüglich Qualität und Wirkungsgrad.

Fernwärme [Lit] nutzt zumeist die Abwärme von Kraftwerken und ist wegen des aufwändigen unterirdischen Leitungsnetzes nur in Ballungsräumen verfügbar. Sie ist quasi ein Abfallprodukt der Elektrizitäts-Erzeugung und ähnlich bequem wie Gas. Ob das Leitungsnetz künftig allerdings noch ausgebaut wird, bleibt fraglich, da neue stadtnahe Kraftwerke aus Umweltschutzgründen kaum noch errichtet werden und sich die regenerativen Energien meist nicht für Fernwärme eignen (Ausnahme: tiefe Geothermie/geothermische Kraftwerke).
Traditionelle Fernwärme sorgt nur für das Heizen der Wohnungen. Inzwischen gibt es aber auch Wohnungswärmestationen, die die vorhandene Fernwärmeheizung zur Warmwasser-Erzeugung

in einzelnen Wohnungen/Häusern nutzen und dabei Elektro- oder Gas-Durchlauferhitzer etc. ersetzen. Der für die Warmwasser-Erzeugung notwendige Wärmetauscher ist kompakt, unkompliziert und nicht größer als ein Durchlauferhitzer; das System macht sich schon nach wenigen Jahren bezahlt.

Flüssiggas [Lit] ist, ebenso wie das bekanntere Autogas, ein Abfallprodukt der Mineralöl-Verarbeitung, wobei aber beide Gase nicht absolut identisch sind. Flüssiggas wird in einem Tankwagen geliefert und bei einem geringen Druck meist in über- oder unterirdischen Gastanks im Garten, in Anbauten etc. gespeichert. Einen solchen Gastank, der groß genug für Ihren Jahresbedarf seien sollte, kaufen Sie übrigens am Besten selbst, statt ihn zu mieten/leasen, da Sie mit einem eigenen Gastank keine langfristigen Lieferverträge abschließen müssen. Denn anders als beim Erdgas, aber genau wie beim Mineralöl können Sie beim Flüssiggas bei jeder Lieferung den jeweils kostengünstigsten Lieferanten auswählen.

Elektroheizungen [Lit] wie Nachtspeicher-Öfen und Glasheizkörper sollten wirklich nur noch dort in Altbauten verwendet werden, wo es aus baulichen Gründen keine andere Alternative gibt.
Zwar lässt sich auch der geringe Heizung-/Rest-Wärmebedarf eines Passiv- oder Null-Energie-Hauses mit einer Elektroheizung bedienen, aber: elektrischer Strom ist nicht wie Öl oder Gas eine Primärenergie, sondern entsteht erst durch die mit Verlusten verbundene Umwandlung dieser Primärenergien. Der Strom ist also relativ teuer. Und er wird künftig noch teurer werden, sobald die Preise für Kohle, Gas und Erdöl steigen oder wenn der Stromverbrauch z.B. durch die Verbreitung der Elektro-Autos steigt.
Mag also eine Elektroheizung bei Passiv- oder Null-Energie-Häusern wegen der geringen Installationskosten eine sinnvolle Alternative sein (zumal wenn Sie zur Stromerzeugung regenerative Energien einsetzen können), so kann Ihnen bei einem normalen Haus diese Heizungsart sehr teuer kommen.

Pellets und Holz sind nachwachsende heimische Rohstoffe, bei denen man meist auch in der nähren Umgebung zwischen verschiedenen Lieferanten wählen kann.
Pellets [Lit] sind bis zu 3 Zentimeter lange Röllchen aus gepressten Holzabfällen (Sägemehl, Späne) der Holzindustrie. Ein Kilogramm (kg) Pellets hat dabei den Heizwert von etwa einem halben Liter Heizöl. Ein KfW-40-Haus würde also rund 80 kg Pellets pro Jahr und Quadratmeter verbrauchen.
Bei der Pellet-Heizung erfolgt die automatische Beschickung der Brennkammer mit Pellets nicht wie bei der Öl-Zentralheizung durch eine Pumpe, sondern mit Förderschnecken oder Gebläsen.
Vorteile der Pellet-Heizung sind, neben der Umweltfreundlichkeit (nachwachsende Rohstoffe, geringe Feinstaubbelastung), in Deutschland die staatliche Förderung, die freie Wahl der Lieferanten und die günstigen Pellets. Die Pellets werden in speziellen Speichern gelagert; diese können sich auch unterirdisch/neben dem Haus befinden.
Nachteile sind der Raumbedarf für den Pelletspeicher (ca. >10 Kubikmeter für ein Einfamilienhaus), die höheren Kosten der Pellet-Heizanlage im Vergleich zu einem Brennwertkessel (bis zum doppelten Preis) und die allerdings unproblematische Entsorgung der Asche (Mülltonne, Kompost). Zudem werden wegen der Zunahme der Pelletheizungen, aber der nicht in gleicher Weise wachsenden Menge der Holzindustrie-Abfälle (die schrumpfende Gesellschaft benötigt z.B. nicht immer mehr Möbel) auch die Pellet-Preise steigen – wenngleich vielleicht nicht so stark wie die für Gas und Öl. Ob sich Holzpellets für Sie lohnen, können Sie mit Hilfe des Energievergleichsrechners feststellen [Lit]. Wer sich für eine Pellet-Heizung entscheidet, sollte ein Modell wählen, dass sich auch mit Holzscheiten beheizen lässt, da diese günstiger als die Pellets sein können.

Neben den Pellets erlebt die klassische Holzheizung in Form von Kaminen oder Kaminöfen eine Art Wiedergeburt. Dies nicht nur wegen des schönen Flammenspiels, sondern weil sich z.B. bei ei-

ner Nachtabschaltung der Zentralheizung noch die Räume gezielt beheizen lassen, die noch genutzt werden (Wohnzimmer). Kaminöfen sind relativ günstig in der Anschaffung; das benötigte Holz bekommt man in waldreichen Gegenden bisweilen sogar geschenkt und man spart damit teures Öl oder Gas.
Nachteile sind der Stapelplatz-Bedarf für das Holz und die vermehrte Kritik an der Feinstaub-Emission.
Wegen der besseren Steuerbarkeit der Luftzufuhr und zur Vermeidung von Rußspuren im Zimmer sollten Sie sich eher für einen Kaminofen als für einen offenen Kamin entscheiden.

Überlegenswert sind auch wasserführende Kaminöfen, die einen Pufferspeicher haben und die sich zur Warmwassererzeugung mit dem Warmwasser-Erzeugungs-/Heizungssystem verbinden lassen.[Lit] Solche wasserführenden Kaminöfen gibt es übrigens auch als Pellet-Kaminofen.
Ist dies quasi der Weg vom Kaminofen zur Heizungs-Unterstützung, so gibt es auch den Weg von der (Pellet-)Heizung zur Kaminofen-Unterstützung: der Brenner steht formschön im Wohnzimmer, wird automatisch mit Pellets versorgt und hat ein Sichtfenster wie bei einem Kaminofen, das durch einen Wärmeschild in den Übergangszeiten und im Sommer vom Wohnzimmer isoliert werden kann [Lit].

Blockheizkraftwerke (BHKWs) [Lit] sind als Nahwärme-Kraftwerke quasi die kleinen „Geschwister“ der Fernwärme-Kraftwerke: sie produzieren sowohl Strom als auch Wärme, werden daher auch als Kraft-Wärme-Koppelungs-Anlagen (KWK-Anlagen) bezeichnet. Während die Mini-BHKWs Mehrfamilienhäuser, Restaurants etc. versorgen, sind die kleineren Mikro-BHKWs für Einfamilienhäuser konzipiert.
Ihre Verbrennungs-Energie (Primärenergie) können Mikro-BHKWs aus den unterschiedlichsten Quellen beziehen: Mineralöl, Erdgas, Biogas, Pflanzenöl oder Pellets. Aus der Primärenergie erzeugen die BHKWs Wärme und treiben zudem – über Benzinmotore, Dampfmaschinen oder Stirling-Motore – den Genera-

tor zur Stromerzeugung an. BHKWs können je nach Bedarf bei der Planung unterschiedlich ausgelegt werden: entweder als nebenbei Elektrizität produzierende Heizungen („wärmegeführtes BHKW“), oder als nur nebenbei Wärme produzierende Elektrizitäts-Werke („stromgeführtes BHKW“). Künftig werden hier auch mit Erdgas gespeist Brennstoffzellen-Heizgeräte eine Rolle spielen.
Vorteile der BHKWs sind die mögliche Nutzung der Primärenergie von bis zu über 90 Prozent, die mögliche Unabhängigkeit von den großen Stromlieferanten und die staatliche Förderung.
Nachteile sind die im Vergleich zu konventionellen Heizungen teurere Technik, die höheren Wartungskosten und die nicht ganzjährig optimale Nutzung der Primärenergie – insbesondere, wenn im Sommer zwar weiterhin viel Strom verbraucht wird, der Heizungsbedarf allerdings zurück geht.
BHKWs lohnen sich allenfalls bei Neubauten oder bei Grundsanierungen veralteter Heizanlagen in Altbauten. Da auch dann Ihr persönliches Verbrauchszenario zu beachten ist, sollten Sie vor einer Entscheidung die verschiedenen Optionen von Ihrem Architekten oder Energieberater durchrechnen lassen.

Wärmepumpen-Heizungen [Lit] sind quasi die Umkehrung des Kühlschrankprinzips: mit Hilfe eines leicht verdampfenden Mittels in einem geschlossenen Kreislauf wird der Natur Wärme entzogen. Das Kältemittel wird dann mit Hilfe eines elektrisch betriebenen Kompressors (Wärmepumpe) angesaugt sowie verdichtet und gibt seine Wärme in einem Wärmetauscher an den Heizungskreislauf ab. Anschließend wird das Kältemittel durch ein Ausdehnungsventil entspannt (Expansion) und wieder dem Kreislaufabschnitt außerhalb des Hauses zugeleitet.
In der Natur kann der Wärmepumpen-Kreislauf seine Energie aus unterschiedlichen Quellen beziehen:
*aus der Aussenluft (Luft-Wärmepumpe), was durchaus bis zu Temperaturen von – 20°C funktioniert. Luft-Wärmepumpen sind technisch relativ einfach aufgebaut; allerdings ist Luft auch ein

schlechter Wärmespeicher und -leiter, was sich in der Leistungsfähigkeit dieser Wärmepumpen niederschlägt.
*aus dem Grundwasser (Grundwasser-Wärmepumpe), wozu eine extra Bohrung oder die Nutzung vorhandener Brunnen/Regenwasser-Versickerungsschächte notwendig ist;
*aus der Erdoberfläche/Garten (Flächenkollektor-Wärmepumpe), wozu großflächig in ca. ein Meter Tiefe „Heizschlangen" verlegt werden; dieses Wärmepumpensystem eignet sich vor allem bei der Neuanlage von Gärten/Grundstücken.
*aus der inneren Erdwärme/Geothermie (Erdsonden-Wärmepumpe), wozu extra tiefe Bohrungen durchgeführt werden müssen; die Bohrungen sind teuer, ihre Tiefe hängt von den geologischen Gegebenheiten ab.
*Eine innovative Mischung aus Wärmepumpe und Solarthermie ist der Thermosolar-Zaun. Diese Flächenkollektor-Wärmepumpe in Form eines bis 50 Zentimeter in die Erde reichenden Zauns nutzt sowohl die Erdwärme als auch die Solar- und Luftwärme. Dabei sind die Installationsarbeiten geringer als bei anderen Flächenkollektor-Wärmepumpen. Ebenfalls eine interessante Kombination ist das Wärmepumpe-Solarthermie-System der Firma Soltex.
Wärmepumpen eigenen sich wegen der relativ niedrigen Temperatur des Kältemittels vor allem für Fußbodenheizungen, da diese eine niedrigere Vorlauftemperatur haben.
Ob und welches Wärmepumpen-System für Sie in Frage kommt, kann nur ein unabhängiger Fachmann (Architekt, Energieberater) aus Kenntnis Ihrer speziellen Situation entscheiden. Wegen der Nutzung der sauberen Energie aus der Umgebung (Luft, Wasser, Erde) werden die Wärmepumpen meist staatlich gefördert, sind aber in der Anschaffung dennoch teurer als herkömmliche Heizungen. Ihr Betrieb lohnt sich nur, solange die Energie-Versorgungs-Unternehmen (EVUs) den Strom für Wärmepumpen relativ günstig zur Verfügung stellen. Achten Sie in jedem Fall darauf, dass die Jahresarbeitszahl (das ist das Verhältnis von erzeugter Wärmeenergie zu eingesetzter elektrischer Energie im Jahresdurchschnitt) bei mindestens 3 liegt, d.h. dass Sie über das Jahr

gesehen mindestens drei mal so viel Wärmeenergie aus der Anlage bekommen, wie Sie (teure) elektrische Energie einsetzen.

Solarthermie [Lit] ist die Nutzung der kostenlosen Sonnenenergie durch meist auf Dächern (von Häusern, Garagen etc.) angebrachten Kollektoren für Heizung und Warmwasser.
Wichtig ist, dass Sie für die Aufstellung der Kollektoren genügende und hausnahe Dachfläche zur Verfügung haben – auf Hausdächern, Garagen, Carports etc. Ihre Dachfläche sollte nach Süden (mit maximaler Abweichung von 50 Grad nach Ost oder West) ausgerichtet und unverschattet sein. Optimal wäre ein Dachneigungswinkel von ca. 45 Grad; bei Flachdächern werden die Kollektoren aufgeständert.

Für den Hausgebrauch stehen uns in unseren Breiten zwei Kollektortypen zur Verfügung:
*Flachkollektoren bestehen aus einer dunklen, von Wasser durchflossenen „Heizschlange“, die sich in einem Kasten („Modul“) mit schwarzer Rückwand und einem durchsichtigen Glasdeckel als Vorderseite befindet. Flachkollektoren kosten relativ wenig, bringen aber auch weniger Wärmeleistung als andere Typen.
*Vakuumröhrenkollektoren sehen auf den ersten Blick den Flachkollektoren ähnlich, sind aber anders aufgebaut: statt in einer „Heizschlange“ fließt das Wasser bei ihnen in schwarzen Röhren, die wiederum von Glasröhren ummantelt sind; zwischen den beiden Röhren ist ein Vakuum. Seitlich neben den einzelnen Röhren befinden sich Reflektorbleche, die zusätzlich Sonnenlicht auf die Röhren reflektieren. Der aus mehreren Röhren und Reflektorblechen bestehende Kollektor wird an seiner Oberseite durch eine Glasplatte vor Verschmutzungen und Beschädigungen (Hagel) geschützt.
Vakuumröhrenkollektoren sind teurer als Flachkollektoren, bringen aber auch mehr Leistung, so dass sich selbst auf kleineren Dachflächen ansehnliche Ergebnisse erzielen lassen.

*Hybridkollektoren [Lit] sind eine Mischung von Solarkollektoren und Solarzellen, bei denen das Wasser der Kollektoren zugleich die empfindliche Fotovoltaik kühlt und so deren Leistung steigert.
*Weitere Typen wie Parabolrinnen-, Fresnellinsen- und Turmkollektoren werden nur großtechnisch und nicht zu häuslichen Wärmeerzeugung eingesetzt.

Neben dem unterschiedlichen technischen Kollektor-Aufbau gibt es auch noch bei den Anlagen einen Unterschied im Umgang mit dem Wasser, welches ungeschützt bei extremen Wintertemperaturen im Kollektor gefrieren und diesen zerstören könnte. Drei grundsätzliche Lösungsverfahren sind hier zu nennen:
*der Zusatz von Frostschutzmitteln, die natürlich extra Geld und, wegen ihrer langsamen Alterung/Zersetzung, irgendwann extra Wartungsarbeit kosten, weil sie ersetzt und als Sondermüll entsorgt werden müssen.
*„Drain-Back-Systeme“ (DBS), die den Solarkreislauf automatisch in einen hausinternen Speichertank entleeren, wenn am Solarkollektor die Temperatur zu sehr sinkt (oder steigt).
*Aqua-Systeme, die das Wasser des Solarkreislaufs bei niedrigen Temperaturen notfalls künstlich (z.B. elektrisch) aufheizen und so ein Einfrieren verhindern.
Die meisten Solarsysteme benötigen für ihren Kreislauf eine elektrische Pumpe, deren Leistung allerdings kleiner ist als bei normalen Heizungs- oder Wärmepumpen, weshalb sie bei der gesamten Energiebilanz keine besondere Rolle spielt.
Solaranlagen lassen sich mit quasi allen anderen Heizungssystemen kombinieren; im Gegensatz zu allen Heizungssystemen (Grenzfall: Wärmepumpe) ist ihr Primär-Energieträger (Licht) quasi kostenlos. Allerdings reicht ein Nur-Solarkollektor-Heizsystem bei der unzureichenden Dämmung der meisten Haustypen in unseren Breiten nicht aus.

Zwei Nutzungsarten gibt es für die Solarthermieanlagen:

*Die Trinkwassererwärmung dient der Erzeugung von heißem Wasser für Bad und Dusche, Geschirrspül- und Waschmaschine, Kochen etc. Hierbei wird ein Trinkwasserspeicher (Kessel > 300 Liter) mit einem zweiten, solaren Wärmetauscher eingebaut (der erste Wärmetauscher ist für die Heizung und wird ggf. im Winter zum Nachheizen gebraucht).
Pro Person im Haushalt benötigen Sie für Ihre Kollektorfläche auf dem Dach rund 1,5 Quadratmeter (qm) bei Flach- und 1,0 qm bei Vakuumröhrenkollektoren, bei einem Vier-Personen-Haushalt also 4-6 Quadratmeter insgesamt. Da sie das ganze Jahr über (also auch im Sommer) warmes Wasser brauchen, kann die Anlage bis zu 60 Prozent Ihres jährlichen Warmwasserbedarfs abdecken.

*Die Heizungsunterstützung senkt mit kostenloser Solarenergie die finanziellen Aufwendungen für den Kauf anderer Heiz-Energieträger. Als Kollektorfläche benötigen Sie für jede 10 Quadratmeter beheizte Wohnfläche ca. einen Quadratmeter auf dem Dach. Dazu kommt ein großer Speicher (bis zu 1000 Liter) im Keller, der als Kombi-Speicher (zwei Speicher neben einander oder „Tank-in-Tank-Speicher“) zugleich auch die weniger energieintensive Trinkwassererwärmung mit übernimmt.
Wegen des größeren Tanks und der größeren Kollektorflächen sind Systeme zur Heizungsunterstützung teurer als die zur reinen Trinkwassererwärmung. Dazu kommt, dass die Heizungsunterstützung gerade im Winter benötigt wird, wenn die Sonne am wenigsten scheint. Daher können diese Anlagen nur 10-25 Prozent des Heizenergiebedarfs abdecken.

Wenn Sie sich für eine Anlage interessieren, studieren Sie am besten zuerst die aktuellen Vergleichstests und holen von verschiedenen Herstellern/Installateuren Angebote ein. Fragen Sie insbesondere auch nach Referenzobjekten in Ihrer Umgebung (!), da die Sonnenausbeute in Deutschland durchaus unterschiedlich ist.

Neben der Frage, woher die Heizenergie kommt, steht die Frage, wohin sie geht bzw. wie sie in die zu erwärmenden Räume kommt. Die klassische Form ist der „Heizkörper“, der heute nicht mehr aus dicken Metallrippen besteht, sondern glatter und flacher an der Wand anliegt. Diese Heizkörper eignen sich für alle Räume, sollten aber nicht zugestellt und in Nischen eingemauert sein. Sie benötigen aber eine höhere Vorlauftemperatur des Heizwassers, da sie von einer Stelle des Raumes die gesamte (zirkulierende) Luft des Raumes erwärmen müssen. Wegen dieser Vorlauftemperatur sind sie nicht optimal für Wärmepumpen- und Solarthermie-Heizungen.
Die andere Art ist die Flächenheizung [Lit], deren bekannteste Form wiederum die Fußbodenheizung ist. Sie kommt mit den Vorlauftemperaturen von Wärmepumpen- und Solarthermie-Heizungen gut klar, ist aber nicht für alle (Parkett-)Böden geeignet. Zudem streiten sich die Gesundheitsexperten immer noch darüber, ob dieser Heizungstyp wirklich gut für die Beinvenen der Bewohner ist.
Weitere Flächenheizungen sind
*die Wandheizung, die aber an der betreffenden Wand das Stellen von Schränken und das Aufhängen großer Bilder einschränkt, und
*die Deckenheizung, die allerdings das Anbringen von Lampen sowie Halterungen für Sandsäcke, Hängematten und Bücherregalwand-Ankern einschränkt. Sie heizt zudem vor allem dort, wo es in den Räumen sowieso schon relativ warm ist: oben.

Zwei Dinge sind an dieser Stelle noch zu erwähnen:
*Heizkörper-Thermostatventile drosseln die Heizungen beim Erreichen der gewählten Raumtemperatur und sind ein erheblicher (Energiespar-)Fortschritt zu den alten Heizungs-Stellrädern, mit denen man nur den Heizwasserdurchfluss im Heizkörper regulieren konnte. Mittlerweile gibt es aber verschiedene Konzepte bei den Heizkörper-Thermostatventilen: während die meisten Typen ohne Hilfsenergie auskommen, benötigen Thermostatventile mit elektronischer Heizkörperreglung einen Stromanschluss oder

Batterien. Die elektronischen Regler sind meist teurer, bieten aber eine Vielzahl von Einstellungsmöglichkeiten (Steuerung nach Zeit, Dauer und Temperatur, Tages- / Wochenprogramm). Im Alltag dürften sich wohl bei den meisten Nutzern solche Feinsteuerungen als überflüssig erweisen, weshalb man auf die Anschaffung (von Elektronik-Thermostat und zugehörigen Batterien) verzichten kann.

*Auch wenn es schon in den Bereich Elektrizität gehört – Heizungsumwälzpumpen sind bei Zentralheizungen zwar unverzichtbar, aber oft von ihrer Leistung her überdimensioniert. Weil sie in der Heizperiode rund um die Uhr im Einsatz sind, wirken sie als große Energieverschwender: bis zu 120 Watt verbrauchen alte, ungeregelte Pumpen im Einfamilienhaus, während moderne, hocheffiziente Heizungspumpen mit 20 Watt und weniger auskommen. Allein wegen der Stromkosten und nicht nur wegen der staatlichen Förderung lohnt sich ein Austausch schon nach wenigen Jahren. Daher sollten Sie zumindest bequem im Internet überprüfen, ob Ihre Heizungspumpe nicht überdimensioniert ist [Lit].

Sie sparen

Neben allen sinnvollen Bau- und Renovierungs-Maßnahmen kommt es aber ganz entscheidend mit auf das Verhalten der Bewohner an. Ein Beispiel aus der Praxis: zwei auch äußerlich praktisch identische Hälften eines Doppelhauses (Niedrig-Energiehaus, nach Süden ausgerichtet) mit je 180 qm Wohnfläche – und dennoch verbraucht die eine Doppelhaushälfte für die Heizung fast 40 Prozent mehr Gas als die andere. Die Lebensgewohnheiten, das Wärme- und Lüftungsbedürfnis der Bewohner, ergeben hier letztlich den Ausschlag.

Diese Lebensgewohnheiten haben sich zudem im letzten halben Jahrhundert dramatisch verändert. 1954, mitten im Nachkriegswohlstand des „Korea-Booms", veröffentlichte Gertrud Oheim im renommierten Bertelsmann-Verlag „Das praktische Haus-

haltsbuch". Auf Seite 214 empfiehlt sie folgende Zimmertemperaturen: Wohn- und Arbeitsräume 18-20 Grad, Schlafräume 12-15 Grad, Küche 15 Grad, Toilette 15 Grad, Hausflur 10 Grad. Selbst wenn bei diesen Temperaturen damals bestimmt niemand erfroren ist, so würden sie heute von vielen Leute als kalte Zumutung empfunden werden. Schließlich arbeiten nur noch die wenigsten von uns in der Landwirtschaft, auf dem Bau oder in zugigen Fabrikhallen. Und mit der Veränderung unserer Arbeitsumgebung hat sich auch unsere Kleidung und unser Temperaturempfinden verändert.
Dennoch scheinen heute manche Angaben zu Raumtemperaturen, insbesondere von Seiten der Energieversorger, doch etwas übertrieben zu sein: so schreibt der Energieversorger „Vattenfall" in seiner Kundenzeitschrift „metropole" (Nr. 4/Dezember 2008): „Jedes Grad weniger spart rund 6% Energie. Achten Sie deshalb auf richtige Raumtemperaturen: 24°C im Badezimmer, 16 bis 18°C im Schlafzimmer, 18 bis 20°C in der Küche, 16 bis 18°C im Flur, 20 bis 22°C im Ess- und Wohnbereich sind in der Regel ausreichend." Und Konkurrent EON-Hanse meint zum Jahresende 2006 in seiner Kundenzeitschrift „SAISON": „Richtwerte für angenehme Raumtemperaturen: Wohnzimmer 20-22°C, Schlafzimmer 15-18°C, Kinderzimmer 22°C, Badezimmer 24°C, Küche und Flur ca. 18°C."

Richtig ist jedenfalls: jedes Grad weniger Raumtemperatur spart ca. 6% Energie. Versorgen Sie sich daher mit einfachen Zimmerthermometern und senken Sie die Raumtemperatur so weit, wie es Ihr persönliches Wohlbefinden zulässt. Wem es bei 20°C im Wohnzimmer zu kalt ist, der sollte überlegen, ob er nicht auch mit einem bequemen Pullover statt eines dünnen T-Shirts gut gekleidet ist.
Im Winter und an kalten Tagen können Sie ggf. Ihren Kamin (-Ofen) anheizen, so dass das auch noch am späten Abend genutzte Wohnzimmer besonders warm ist. Auch das abendliche Schließen der Fenster- oder Rollläden, der Jalousien sowie das Vorziehen der Vorhänge hält die Wärme im Haus und spart so

Energie. Achten Sie dabei immer darauf, dass die Vorhänge die Thermostaten und Heizungen nicht verdecken bzw. nicht gegen das Zimmer abschirmen.

Überhaupt kann das Verhängen, Zustellen (z.B. mit Sesseln) und Abdecken (z.B. mit Steinplatten als zusätzlichen Stellflächen) von Heizkörpern einer der Gründe dafür sein, dass die wärme Luft im Zimmer nicht richtig zirkuliert, bestimmte Ecken des Raumes so kalt bleiben und deshalb die Heizungstemperatur höher gedreht wird, was mehr Energie verbraucht. Halten Sie also besser Ihre Heizkörper frei, damit es auch bei einer relativ niedrigen Thermostat-Einstellung überall ansprechend warm wird.

Wenn es irgendwo „zieht“, greifen Sie zu den überall im Handel erhältlichen Dichtungsbändern und dichten die entsprechenden Fenster und Türen ab. Bei zersprungenen Scheiben und nicht mehr richtig schließenden Fenstern und Türen muss der Glaser bzw. der Tischler kommen; ein unfreiwilliges „Dauerlüften“ führt sonst zu zu hohen Energieverlusten.

Drehen Sie die Heizungsleistung bei Abwesenheit und nachts zurück/herunter, besonders dann, wenn Ihre ältere Heizungsanlage noch keine automatische „Nachtabsenkung“ hat. Lassen Sie aber andererseits die Räume nicht auskühlen, weil das die Schimmelbildung begünstigt. 12-15°C Raumtemperatur dürften in den meisten Fällen genügen.

Viel Energie wird immer noch beim Lüften verschwendet: zuerst einmal sollten Sie überall dort, wo Sie lüften, die Heizkörper ausdrehen. Sie sollten alle Räume zumindest zweimal pro Tag lüften; öffnen Sie dazu möglichst die Fenster und Türen aller Zimmer auf einer Etage, so dass ein Durchzug entsteht. Nach 5-10 Minuten ist die Raumluft durch frische Luft ersetzt, die Fenster können geschlossen und die Heizungen ggf. wieder angestellt werden. Der Vorteil zu diesem Zeitpunkt: die Wände der Räume

sind noch nicht ausgekühlt und müssen daher nun auch nicht erneut mit aufgeheizt werden.
Denn Lüften ist kein Dauerzustand: was nützt Ihnen die beste Hausdämmung und die neueste Brennwerttechnik, wenn Sie anschließend durch ständig offen stehende Fenster wahrlich das Geld zum Fenster hinaus werfen. Durch das Dauerlüften kühlen die Wände aus; das führt nicht nur zur Gefahr von Schimmelbildung an den Wänden, sondern die schlechte Innen-Isolierung des Hauses (nur einfache Wände zwischen den Innenräumen) führt auch zur Auskühlung benachbarter Zimmer – weshalb man dann dort die Heizung hoch dreht.
Wer insbesondere im Schlafzimmer frische Luft braucht und daher nachts immer das Fenster offen stehen lässt, sollte sich doch noch mal mit dem Thema „Lüftungsanlage mit Wärmerückgewinnung“ beschäftigen.

Auch die regelmäßige Wartung der Heizung spart Energie und Geld: alle Heizkörper sollten gleich nach Beginn der Heizperiode entlüftet werden, insbesondere dann, wenn sie nicht an allen Stellen warm werden oder beim Einschalten nach dem morgendlichen Lüften ein gluckerndes Geräusch von sich geben. Luft ist nun mal ein schlechterer Wärme-Leiter als Wasser, und ein nicht richtig warmer Heizkörper führt dazu, dass das Zimmer zu kühl bleibt und Sie dann wiederum die Thermostaten hoch drehen.
Wenn Sie nicht in einem Mehrfamilienhaus wohnen, sondern eine eigene Heizungsanlage besitzen, sollten Sie darauf achten, dass genügend Wasser(-druck) im Heizungskreislauf ist, da sonst die Heizungen in den oberen Etagen Ihres Hauses nicht genügend mit Wärme versorgt werden.

Wie bei jedem Einkauf haben Sie auch als Heizungsanlagen-Besitzer die Möglichkeit, die Preise und Konditionen der Energie-Lieferanten zu vergleichen [Lit]. Bei Öl, Flüssiggas und Pellets ist das relativ einfach, da es sich um Einmal-Lieferungen handelt: sie wählen den günstigsten seriösen Lieferanten aus und ordern die benötigte Menge zu einem festgesetzten Preis. Wenn der

Lieferant dann beim nächsten Angebot die Preise herauf setzt, können Sie leicht einen anderen wählen. Komplizierter ist es bei Dauer-Lieferungen wie Erdgas, da Sie hier feste Vertragslaufzeiten haben und die Lieferanten die Preise herauf setzen können, ohne dass Sie immer ein Sonderkündigungsrecht wahrnehmen können.

Vergleichen Sie daher immer wieder die Gaspreise, z.B. im Internet, und wechseln Sie am Ende Ihrer Vertragslaufzeit möglichst zu einem günstigeren Anbieter.

Literatur:

Vakuum-Isolationspaneele
http://www.vip-bau.de/

Energieberater
http://www.energieberater-datenbank.de/

Programm „Haus sanieren – profitieren" der DBU
http://www.sanieren-profitieren.de

KfW-Effizienzhaus
http://www.kfw.de/DE_Home/Service/Foerderprogramme_auf_einen_Blick/Foerderangebot_fuer_Privatkunden.jsp
http://www.energiefoerderung.info/
Schweizer „Minergie-Standard"
http://www.minergie.ch/
Österreichische Ökostufen
http://www.energieinstitut.at/?sID=2477
http://www.energieinstitut.at/?sID=3218

Passivhaus
http://www.passiv.de/
http://www.passivhaus-info.de/
http://www.ig-passivhaus.de/
http://www.igpassivhaus.at/
http://www.igpassivhaus.ch/

http://www.passivhausprojekte.de

Nullenergiehaus
http://oekosiedlungen.de/energieautarkes-solarhaus/
http://www.wernersobek.de/files/dynamic/pdf/WernerSobek_TripleZero.pdf
http://www.moresbyhaus.de/technikPositivNull.php

Plusenergiehaus
http://www.plusenergiehaus.de/
http://www.octagonhaus.de/
http://www.weberhaus.de/plusenergie-konzept.html

Erdöl
http://www.iwo.de
http://www.heizenmitoel.at/
http://www.erdoel-vereinigung.ch/de/heizenmitoel.aspx

Erdgas
http://www.moderne-heizung.de/
http://www.erdgasooe.at/eooe/
http://www.erdgas.ch/de/anwendungen/heizen-warmwasser.html

Fernwärme
http://www.nahwaerme-forum.de/leitfaden/leitfaden_hausstationen.html
http://www.fernwaerme.de/
http://www.gaswaerme.at/bfw/themen/index_html?uid=2737
http://www.fernwaerme-schweiz.ch/fernwaerme-deutsch/

Flüssiggas
http://www.dvfg.de/de/
http://www.fluessiggas.net/
http://www.propan.com/de/start.html

Elektroheizungen

http://www.energiesparclub.de/news-einzelansicht/article/1514/elektroheizungen-muessen-vom-netz/index.html

Pellets-Infos
http://www.depi.de/
http://www.propellets.at
http://www.holzpellet.com/
http://www.aktion-holzpellets.de/

Energievergleichsrechner für Neu-/Umbauten
http://holzpellet.com/de_energievergleichsrechner_nach_verbrauch
http://www.waermewechsel.de/kostenrechner.html

Kaminöfen mit Zentralheizung(s-Unterstützung)
http://www.brunner.de
http://www.wamsler-web.de
http://www.wodtke.com/momo.html

Pellet-Heizung mit Kaminofen-Fenster
http://www.enviro.com
http://www.windhager.com/FireWIN.96.1.html

Blockheizkraftwerke (BHKWs)
http://www.stromerzeugende-heizung.de
http://www.asue.de
http://www.bdh-koeln.de
http://www.bhkw-infozentrum.de/

Wärmepumpen
http://www.waermepumpe.de/
http://www.qgw.at/
http://www.thermosolarzaun.de/
http://www.soltex-net.de

Solarthermie
http://www.solarwaerme-plus.info
http://www.dgs-solar.org
http://www.solardaten.de/
http://www.solarenergy.ch
http://www.sonnenhaus-institut.de
http://umweltinstitut.org/energie--klima/wirtschaftlichkeit-von-solaranlagen/vergleich-der-wirtschaftlichkeit-von-solarstrom-und-solarwarme-211.html (Wirtschaftlichkeitsberechnung des Umweltinstituts München e.V.)

Hybridkollektor
http://www.solarhybrid.ag

Flächenheizungen
http://www.flaechenheizung.de

Heizungspumpencheck
http://www.sparpumpe.de/geld-sparen/energiespar-ratgeber/pumpencheck/index.html
http://www.pumpencheck.ch/

Preise im Internet vergleichen
http://www.heizoelboerse.de
http://www.fluessiggasboerse.de/de/Energiebezug/Fluessiggas__83/
http://www.holzpellets-boerse.de/
http://www.carmen-ev.de/dt/energie/pellets/pelletpreise.html
http://www.billig-tarife.de/gastarife/
http://energie.check24.de/energievergleiche/gas/

1.3. Strom und Licht

Nur ein geringer Teil unseres gesamten Energieverbrauchs (ca. 12 Prozent) besteht aus elektrischem Strom. Dennoch macht der Stromverbrauch rund ein Drittel unserer Energiekosten aus. Der

Grund für dieses „Ungleichgewicht" ist einfach: Strom ist anders als Kohle oder Holz eine von Menschen meist in Kraftwerken hergestellte Edel-Energie, bei deren Produktion und Verteilung es zu erheblichen Energieverlusten (Umwandlungsverluste, Leitungsverluste) kommt. Deshalb sollten Sie damit sparsam umgehen und die Verwendung von elektrischen Geräten für irgendwelchen „Schnickschnack" oder als pure Spielereien vermeiden.

Sie bauen/renovieren

Strom ist teuer – das ist die schlechte Nachricht. Die gute Nachricht ist: Sie können ihn auch selbst erzeugen! Dabei ist nicht in erster Linie an das Rudergerät oder den Heimtrainer im Fitness-Keller gedacht: auch ein gut trainierter Durchschnitts-Mensch kann auf Dauer nur ca. 120 Watt erzeugen; da verbrauchen allein schon Kochherde und andere Großgeräte im Haushalt mehr.
Aber es gibt dennoch einige Möglichkeiten, zum Stromerzeuger zu werden:

Blockheizkraftwerke (BHKWs) [Lit] sind ja bereits oben beim Thema Heizung angesprochen worden. Wenn Sie hierüber in erster Linie Ihren Elektrizitätsbedarf decken wollen, sollte Ihre Anlage als „stromgeführtes BHKW" ausgelegt sein, das Wärme nur quasi nebenbei produziert. BHKWs werden wegen ihres guten Wirkungsgrades öffentlich gefördert; deshalb und wegen der für Ihren Bedarf richtigen Auslegung sollten Sie sich vor Auftragserteilung an einen Energieberater, Architekten etc. wenden.

Brennstoffzellen (BsZ) [Lit] wandeln Wasserstoff- und Sauerstoff-Atome ohne Verbrennungsprozess zu Wassermolekülen um und gewinnen dabei elektrischen Strom. Die Technik kommt aus der Raumfahrt, ist erprobt und funktionsfähig – es gibt sogar schon entsprechende Experimentierkästen für Schulen. Der Vorteil der Brennstoffzellen liegt in ihrem leisen, zuverlässigen Wirken, ihrem hohen Wirkungsgrad und ihren sauberen „Abgasen" (reines Wasser). Der Nachteil der Brennstoffzellen liegt, neben ihrem noch hohen Preis, in dem benötigten Element Wasserstoff, d.h. seinen Eigenschaften und seiner Herkunft: Wasserstoff ist das leichteste, flüchtigste Gas, das deshalb in der Natur nicht frei und ungebunden vorkommt; komprimiert lässt es sich nur in Spezial- und nicht in normalen Druckgasflaschen speichern. Um Wasserstoff-Gas in BsZ einzusetzen, verwendet man meist Erdgas, das man in einem „Reformer“ mit Hilfe eines Katalysators direkt vor der BsZ in ein wasserstoffhaltiges Gasgemisch umwandelt. Sinkende BsZ-Preise vorausgesetzt, kann man sich in absehbarer Zeit ein solches Gerät als Elektrizitäts-Werk neben die Gasheizung in den Keller stellen oder als BHKW verwenden – erste Geräte laufen bereits im Praxistest. Durch den Erdgas-Einsatz (und das dabei im Reformer entstehende Kohlendioxid) verliert die BsZ aber nicht nur ihr „sauberes“ Image, sie wird – wie die Gasheizung – auch abhängig von zur Neige gehenden Bodenschätzen (Erdgas). Alternativen wie die Gewinnung von Wasserstoff aus Biogas oder über direkte Sonnenstrahlung mit Hilfe eines Katalysators sind noch in der Entwicklung.

Wasserkraft [Lit] in Form von kleinen Stau- oder Laufwasser-Anlagen kommt für die wenigsten Interessenten in Frage – selbst wenn sie an einem Wasserlauf wohnen. Meist stehen der Nutzung wasser(-bau)-rechtliche Bedenken (zumindest in Deutschland) oder die Ablehnung von Naturschützern entgegen, die so diese umweltfreundliche Technik behindern. Dabei sind die Anlagen technisch ausgereift und werden sogar in der „Dritten Welt“ zur Stromerzeugung auf dem Lande eingesetzt. Kleine Wasserkraftwerke können, von harten Wintern einmal abgesehen, rund um die Uhr Strom liefern.

Windenergie [Lit] lässt sich nicht nur mit riesigen Rotoren nutzen, sondern auch mit Kleinwindanlagen im eigenen Garten. Die angebotenen Anlagen sind von unterschiedlicher Höhe (bis zu 10 Meter). Dabei eignen sich nur die kleineren Anlagen für eine Montage auf dem Hausdach – die entsprechende sichere Statik des Gebäudes/Dachstuhls vorausgesetzt! Ansonsten werden werden die Rotore auf mit Abspanndrähten gesicherte Pfeiler/Gestel-

le im Garten gesetzt. Der Verbreitung dieser Technik stehen – neben den an manchen Standorten ungünstigen Windverhältnissen – vor allem bürokratische Hürden und eine mangelhafte öffentliche Förderung entgegen.
Es gibt zwei Arten von Kleinwindanlagen: solche mit horizontaler Drehachse und solche mit vertikaler:
*Horizontal-Rotore sehen aus wie die verkleinerten Ausgaben der bekannten großen Windkraftanlagen: sie haben den Elektrogenerator/"Dynamo" in einer kleinen Gondel hinter dem Rotor. Der Rotor wird durch eine Windfahne stets in den Windstrom gedreht. Horizontal-Rotore erzeugen bei gleichem Rotor-Durchmesser mehr Energie als ihre vertikalen „Verwandten", sind aber auch teurer in der Anschaffung.
*Vertikal-Rotore (wie die Typen Darrieus-, Savonius und H-Rotor) sind einfacher in der Konstruktion und daher meist billiger. Sie haben den Elektrogenerator wartungsfreundlich unterhalb des Rotors (u.U. sogar ebenerdig) und müssen nicht nach dem Wind ausgerichtet werden.

Sollten Sie sich für eine Kleinwindanlage interessieren, holen Sie mehrere Angebote ein. Fragen Sie die verschiedenen Hersteller, welchen Jahresenergie-Ertrag sie an Ihrem Standort garantieren können. Denn die gelieferte Elektrizitätsmenge ist die für Sie entscheidende Größe, damit sich Ihre Anlage rentiert. Ein Rotor, der schon bei schwachen Winden anläuft, kann mehr Ertrag bringen als ein Rotor, der tolle Spitzenwerte erzielt, aber sich erst bei stärkerem Wind in Bewegung setzt. Wenn Sie über technisches Verständnis und handwerkliches Geschick verfügen, können Sie eine Kleinwindanlage auch in Selbstarbeit bauen und aufstellen – entsprechende Pläne und Anleitungen gibt es im Internet.

Fotovoltaik [Lit], die Stromerzeugung aus Sonnenlicht, erlebt in den letzten Jahren einen großen Boom. Wenn Sie nicht gerade ein denkmalgeschütztes Haus oder ein Reihenhaus besitzen, dessen Dach Gemeinschaftseigentum ist, kann Ihnen praktisch niemand den Einbau einer Fotovoltaik-Anlage in Ihr Haus verweh-

ren. Das ist ein Vorteil gegenüber der Wasser- und Windkraft. Optimal ist eine schattenlose (!), möglichst gute Südausrichtung des Daches/der Dachschräge, auf dem/der die Solarmodule angebracht werden sollen. Die sonnenarme Nordseite geht dabei zwangsläufig „leer aus“. Zwar ist es auch denkbar, ein Ost-West-Satteldach mit Solarzellen zu bestücken, ja man hat sogar theoretisch mehr Fläche als bei einer Südausrichtung, da man hier zwei Dachschrägen nutzen kann. Aber so lange Fotovoltaik-Module relativ teuer sind, lohnt es meist nicht, ganze Dächer damit voll zu bauen. Deshalb sollte man nach Möglichkeit die wenigen Solarmodule optimal ausrichten. Gut ist dabei ein Neigungswinkel von 30-40 Grad; auf Flachdächern, auch bei Garagen und Carports, müssen die Anlagen aufgeständert werden.
Gerade in der Fotovoltaik gibt es eine rasante technische Entwicklung zu immer besseren Wirkungsgraden. Doch die technischen Details (Dickschichtzellen/Dünnschichtzellen; Silizium oder Galliumarsenid; monokristallin, polykristallin oder amorph) müssen Sie nicht interessieren.
Wichtig ist für Sie, dass Ihre Solarstrom-Anlage eine gute, garantierte (!) Lebensdauer hat (> 20 Jahre; studieren Sie die entsprechenden Testberichte von der Stiftung Warentest oder der Zeitschrift „Photon“) und für möglichst wenig Geld möglichst viel Energie liefert. Lassen Sie daher die Anlagen-Anbieter einen garantierten Mindest-Ertrag für Ihre Fotovoltaik-Anlage angeben.
Wie viel Dachfläche brauchen Sie nun für welche Leistung? Für 1 KW Spitzenleistung (KilowattPeak = kWp), auch als „Nennleistung“ bezeichnet, sollten Sie in Deutschland bis zu 10 Quadratmeter mit Modulen belegbare, zusammenhängende Dachfläche veranschlagen. Die tatsächliche Leistung ist allerdings abhängig von Sonnenstand/Lichteinfallswinkel, Verschattung, Südausrichtung, Qualität der Solarzellen, ihrer Erwärmung. Als realen Ertrag können Sie dann mit ca. 850 Kilowattstunden (kWh) pro Jahr rechnen, was ca. einem Viertel des Strom-Jahresverbrauchs einer vierköpfigen Familie im Eigenheim entspricht.

Nach diesem Überblick über die Möglichkeiten einer eigenen Strom-Erzeugung lohnt es, sich nun die andere Seite, den Strom-Verbrauch anzusehen. Zum Thema Stromeffizienz, sparsame Geräte und sichere Elektroinstallation gibt es mittlerweile im Internet eine Vielzahl von Infoportalen, Sparrechnern etc. [Lit]. Trotz dieser vielen Hilfen kommen Sie nicht umhin, sich ein paar eigene Gedanken zu machen:

Jedes elektrische Gerät, das Sie besitzen und das Sie in/an Ihren eigenen vier Wänden einsetzen, erhöht Ihre Stromrechnung. Besonders „ins Geld“ gehen dabei größere Geräte, die im Dauerbetrieb sind, wie Kühlschränke und Gefriertruhen, Heizungspumpen, Klimaanlagen, Umwälzpumpen von Gartenteichen oder Schwimmbecken. Andere Großgeräte wie Waschmaschinen, E-Herde, Geschirrspüler sind ebenfalls beachtliche Stromkonsumenten, die – besonders bei Altgeräten – oft erheblich mehr verbrauchen als ein gleich gutes Neugerät oder ein kleineres, aber für Ihre Bedürfnisse ausreichendes Gerät.
Dazu kommen die vielen elektrischen Kleingeräte, die neben der notwendigen Energieversorgung (Netzstrom, Akkus) auch noch Anschaffungs- und Reparatur-Kosten erzeugen. Die Kosten für jedes Einzelne dieser Geräte mögen für sich genommen gering sein, aber in den Mengen, wie man diese „kleinen Helferlein“ mittlerweile in den Haushalten finden, kosten sie „richtig Geld“!

Stellen Sie sich daher vor der Anschaffung jedes Elektro-Geräts folgende Fragen:

*Brauche ich das Gerät?
Diese Frage lässt sich in einigen Fällen sehr einfach beantworten: dass Sie einen Kühlschrank und eine Heizungspumpe brauchen ist ebenso klar wie dass Sie keine elektrische Fliegenklatsche (gibt es tatsächlich) und kein elektrisches Radiergummi brauchen. In anderen Fällen ist die Entscheidung schwieriger: brauchen Sie die zweite Gefriertruhe, das Surround-System für Ihre Stereoanlage? Ist der Energie-Luxus einer konventionellen

Klimaanlage (ohne Wärmerückgewinnung) wirklich notwendig? Wären statt dessen nicht auch ein paar Jalousien/Markisen ausreichend? Ist wirklich für jedes Gebäck ein gesondertes Elektrogerät notwendig, also ein „Donutmaker“, ein „Muffinmaker“ und ein „Sandwichmaker“?
Diese Fragen können nur Sie selbst beantworten, denn Sie werden auch die Anschaffungen inklusive der Strom-Folgekosten bezahlen müssen.

*Gibt es eine kleinere/kostengünstigere Alternative?
Ein großer Design-Kühlschrank ist schick, aber sein 500-Liter-Fassungsvermögen füllt kein Single-Haushalt mit Lebensmitteln aus. Ein 160-Liter-Kühlschrank ist dagegen nicht nur in der Anschaffung viel billiger, er verbraucht auch viel weniger Strom.
Gleiches gilt für Staubsauger, bei deren Leistung sich die Hersteller heute mit immer höheren Watt-Zahlen zu überbieten scheinen. Dabei sind gute Staubsauger mit unter 2000 Watt oft mehr als ausreichend, zumal es für die Saugleistung auch auf Filtersysteme, Luftführung etc. ankommt.
Alte Heizungspumpen sind teilweise viel zu groß/stark und verbrauchen wegen ihres Dauereinsatzes unnötig viel Energie. Daher kann es sich lohnen, eine Altpumpe gegen ein neueres Exemplar vom Fachmann austauschen zu lassen. Viele andere elektrische Altgeräte entsprechen ebenfalls nicht mehr dem Stand der Technik und sind so die reinsten „Energie-Schleudern“; es hat schon seinen Grund, warum gebrauchte Großgeräte („weiße Ware“: Kühlschränke, Waschmaschinen etc.) so billig angeboten werden. Deshalb kann es wirklich ein Gewinn sein, wenn Sie sich freiwillig von Ihrer Uralt-Waschmaschine trennen.
Denn von der Stereoanlage bis zur Heizungspumpe – generell gilt: je mehr elektrische Leistung eines Ihrer Systeme aufnimmt/verbraucht, desto teurer wird es für Sie.
Achten Sie daher beim Kauf auf möglichst umweltfreundliche und energiesparsame Geräte, die Sie an den Zeichen „Blauer Engel“ oder Energielabel „A++“ bzw. dessen Nachfolge-Kenn-

zeichnung erkennen – mehr hierzu im Kapitel „Fordern & Fördern".

*Gibt es für diese Aufgabe ein mechanisches Gerät?
Zu vielen mittleren und kleinen Elektrogeräten (Heckenscheren, Küchen-Allesschneider, Gebäckpressen etc.) gibt es gute mechanische Alternativen. Diese verbrauchen nicht nur keinen Strom, sie haben auch keine lästigen Stromkabel und sind oft einfacher zu reparieren bzw. sogar langlebiger. Natürlich ist es nicht sinnvoll, einen defekten Elektro-Rasierer durch einen traditionellen Nass-Rasierer zu ersetzen, um künftig statt des Stroms Rasier-Creme und -Klingen, also Ressourcen zu verbrauchen. Aber es ist bei glatten Fußböden eine Überlegung wert, ob man sich statt eines Staubsaugers nicht besser ein gutes Kehrsystem anschafft.
Andere elektrische Kleingeräte (Radios, Handys, Taschenlampen) lassen sich mit einem internen oder externen Kurbel- oder Schüttel-Generator aufladen; Sammlungen mit solchen Kleingeräten unter dem Motto „Energie zum Nulltarif" finden Sie im Internet [Lit].

*Gibt es für diese Aufgabe ein Solar-Gerät?
Verschiedene elektrische Kleingeräte (Uhren, Wecker, Rauchmelder, Autoventilatoren etc.), die üblicher Weise durch Batterien und Akkus angetrieben werden, gibt es mittlerweile mit eingebauten Solarzellen. Alternativ dazu gibt es Solar-Ladegeräte, um neue Kraft in leere Akkus zu bringen – vom speziellen Handy-Akku bis zu den Standard-Akkus.
Nutzen Sie, wo immer Sie können, die kostenlose Solar-Energie über fotovoltaische Geräte.

Ein besonderes Thema ist noch anzusprechen: das Thema *Beleuchtung/Licht* [Lit]. Das elektrische Licht, die Freiheit von Kerzen, Öl- und Gaslampen, war ursprünglich für die Menschen der Grund, elektrische Leitungen in fast jedes Haus zu verlegen. Doch die schönen Glühbirnen haben eine hässliche Schattenseite: vom Strom, den sie verbrauchen, verwandeln sie 95 Prozent in Wärme und nur 5 Prozent in Licht um. Eigentlich sind sie große Heizungen mit einer angeschlossenen, kleinen Funzel-Beleuchtung. Und diese Heizungen können, wenn ihnen leicht entzündliches Material (wie z.B. Papiergirlanden) zu nahe kommt, gefährliche Zimmerbrände verursachen.

Weil also Glühbirnen nur ein Zwanzigstel ihres Energieverbrauchs in Licht umwandeln und meist nur eine Lebensdauer von 1.000 Stunden haben, muss man nach Alternativen suchen. Und die bestehen heute zum Glück nicht mehr in Kerzen oder Öllampen, die meist auch nur Erdölprodukte verzehren (das Kerzen-Paraffin ist aus Erdöl):

*Halogenlampen
Sie sind zwar sparsamer als die Glühlampen, aber deshalb noch lange keine Energiesparlampen – auch nicht als Niedervolt-Halogenlampen. Sie sind Glühbirnen, denen man ein Gas („Halogen“, meist Brom oder Jod) hinzu gefügt hat und dadurch auch eine höhere Lebensdauer (bis 2.500 Stunden) erzielt. Normale Halogenlampen verbrauchen bis zu 30 Prozent weniger Energie als eine Glühlampe. Besser sind infrarot-beschichtete Halogenlampen (IRC = „infrared coated“), die bei doppelter Lebensdauer (bis zu 5.000 Stunden) ein Drittel weniger Energie verbrauchen als herkömmliche Halogenlampen, so dass sich hier bestenfalls eine Energieeinsparung von etwas über 40 Prozent gegenüber Glühlampen ergibt. Allerdings gibt es die IRC nur als Niedervolt-Halogenlampen (12 Volt) und nicht als Netzspannungs-Halogenlampen (230 Volt). Doch Niedervolt-Halogenlampen haben Nachteile: bei einigen verbraucht der Trafo auch nach dem Ausschalten der Lampen weiterhin Strom; zudem ist darauf zu achten, das weder der Trafo zu schwach für die Lampen ist (Überhitzungsgefahr) noch dass die Lampen zu schwach für den Trafo sind (verringerte Lampen-Lebensdauer). Zudem geben Halogenlampen ultraviolette (UV-)Strahlung ab, die bei dauerhaftem und dichtem Kontakt gesundheitsgefährlich ist.

Wenn Sie aber unbedingt Halogenlampen einsetzen wollen, schauen Sie sich die aktuellen Testberichte an: auch hier gibt es Unterschiede in Lebensdauer und Lichtausbeute.

*Energiesparlampen

Sie sind die bessere Alternative. Sie gehören wie die altbekannten Leuchtstoffröhren zu den Leuchtstofflampen (auch „Gasentladungslampen"), lassen sich aber im Gegensatz zu ihren langen „Schwestern" meist problemlos in Standard-Lampensockel (E14 und E27) schrauben. Die Lebensdauer beträgt bei guten Lampen über 10.000 Stunden, was bei einer durchschnittlichen täglichen Nutzungsdauer von knapp unter 3 Stunden insgesamt über 10 Jahre bedeutet.

Gegenüber einer gleich hellen Glühlampe sparen Sie mit einer Energiesparlampe ca. 80 Prozent Energie, so dass Sie beim Ersatz von Glühlampen rechen können: Watt-Zahl der zu ersetzenden Glühlampe geteilt durch 5 gleich Watt-Zahl der einzusetzenden Energiesparlampe. Dabei ist der Faktor 5 wichtiger bei kleinen als bei großen Watt-Zahlen. Oder anders: eine 40-Watt-Glühlampe sollten Sie eher durch eine 9-Watt-Energiesparlampe ersetzen als durch eine 7-Watt-Energiesparlampe (wenn 8-Watt-Lampen nicht erhältlich sind). Analoges gilt für den Ersatz einer 60-Watt-Glühlampe, während Sie für den Ersatz einer 100-Watt-Glühlampe meist eine handelsübliche 17-Watt-Energiesparlampe verwenden können. Zudem erwärmen sich Energiesparlampen kaum und sind daher nicht so „brandgefährlich" wie Glühlampen.

Nachteil der Energiesparlampen ist, dass sie wegen des enthaltenen Quecksilbers nach Ende ihrer Lebensdauer Sondermüll sind, den man bei speziellen Sammelstellen abgeben muss. Auch herunter gefallene/zerbrochene Lampen sind Sondermüll und müssen samt den Bruchstücken vorsichtig aufgekehrt werden. Inzwischen gibt es aber Engergiesparlampen mit einem festen, durchsichtigen Kunststoffmantel über dem Leuchtteil, die nicht so schnell zerbrechen.

*Leuchtdioden (LEDs = Licht emittierende Dioden)
Die LED-Technik ist neben den Glüh- und Gasentladungslampen eine dritte Möglichkeit, Licht zu erzeugen. LEDs haben eine Lebensdauer von 50.000-100.000 Stunden, verbrauchen nur die Hälfte einer Energiesparlampe, erzeugen praktisch keine Abwärme, sind dimmbar und können als weiße oder farbige Lampen geliefert werden. Aus Gründen der Lichtstärke werden Sie meist zu Bündeln von zwei oder mehreren Dutzend zusammen gefasst. Die derzeit noch geringe Lichtstärke ist allerdings auch ihr größter Nachteil: auch die stärksten und besten Leuchtdioden am Markt für Standard-Lampensockel (E14 und E27) können allenfalls die Lichtstärke einer 40-Watt-Glühbirne ersetzen. Daher schreiben einige Hersteller/Verkäufer auch, dass die LEDs (noch) nicht zur Raumbeleuchtung geeignet seien. Die Zukunft liegt wohl in den OLEDs (Organische, Licht emittierende Dioden), die billiger in der Herstellung, besser in der Lichtausbeute und flexibler in der Anwendung seien sollen.

Aber das Energiesparen geht noch besser:
*Solarlampen
Sie verbrauchen überhaupt keinen teuren Strom, sondern nur kostenlose Sonnenenergie. Meist handelt es sich um LEDs, die mit einem von Solarzellen versorgten Akku verbunden sind. Dieser Akku speichert die Sonnenenergie des Tages für die Nacht-/Dunkel-Zeiten. Weil die LEDs hierbei keinen Anschluss ans Stromnetz brauchen, unterliegen sie auch nicht der Größenbegrenzung durch die üblichen Standard-Lampensockel, können daher in manchen Fällen auch größer und leistungsstärker sein.
Solarlampen gibt es als Hausnummernschild-Beleuchtung, Gartenwege-Licht, Weihnachtsbaum-Beleuchtung, Hilfs-/Not-Licht für Carports und Haustüren, Gartentisch-Leuchten zum Ersatz von Kerzen etc. Zwar eignen sich Solarlampen im Haus noch nicht als Leselampen, aber eine Solar-Standlampe im Wohnzimmer kann als Notbeleuchtung bei Stromausfällen während der Dunkelheit gute Dienste leisten.

Mittlerweile gibt es sogar kräftige Solarstrahler mit Bewegungsmelder; ihr Spareffekt ist besonders hoch, wenn in einer stürmischen Nacht durch sich biegende Bäume u.ä. die Bewegungsmelder ständig die Strahler auslösen und so Unmengen an Energie verschwenden – die Solarstrahler bleiben einfach aus, wenn die kostenlose Sonnenenergie verbraucht ist.

Zum Thema Beleuchtung gehört auch noch eine Technik, die nur am Tage funktioniert: die Tageslicht-Lenkung [Lit], welche die natürliche Lichtstrahlung (nicht aber die Wärme) in die dunklen Ecken des Hauses leitet und so künstliche Beleuchtung spart. Die Tageslicht-Lenkung besteht aus dachfenstergroßen Prismenkuppeln auf dem Dach oder aus Prismenlamellen vor den Fenstern etc. Die Prismenkuppeln fangen z.B. über 99 Prozent der auf sie treffenden Solarstrahlung ein und leiten sie durch hoch verspiegelte Röhren (Durchmesser: ca. 25-53 cm) bis zu 12 Meter ins Innere des Gebäudes, in fensterlose, sonst dunkle Innenräume. Prismenkuppeln können durch die Prismen mehr Licht einfangen als ein von der Dachfläche vergleichbar großes Dachfenster und dürften wohl auch eine bessere Wärme-Isolierung erreichen. Allerdings kann man im Gegensatz zu einem Dachfenster mit ihnen nicht Lüften.

Sie sparen

Rund 4.400 kWh Strom pro Jahr verbraucht ein 4-Personen-Haushalt in Deutschland. Ein erheblicher Teil davon geht auf das Konto von stundenlang unbesehen flimmernden Fernsehern, unbenutzt-nutzlos laufenden Computern oder leuchtenden Lampen, deren Abschalten man einfach vergessen hat.
Wenn Sie also ein Gerät in den nächsten fünf bis fünfzehn Minuten nicht nutzen wollen, schalten Sie es aus. Und wenn Sie als letzte/r einen Raum verlassen, sollte Ihr Motto sein: erst Licht aus, dann Tür zu.

Dass sich der Einsatz von Energiesparleuchten und LEDs lohnt, haben wir bereits gesehen. Bei regelmäßig genutzten Beleuchtungen sollten Sie also gar nicht so lange warten, bis eine Glühlampe kaputt geht. Tauschen Sie besser gleich die alten „Heizungen mit Hilfsbeleuchtung“ gegen neue Energiesparlampen aus. Achten Sie dabei auf eine gute Qualität/Langlebigkeit (Vergleichstests!) der Energiesparlampen und nicht so sehr auf einen günstigen Preis.

Wie bei den Lampen, so sollten Sie auch Ihren anderen elektrischen Geräten das Energieverschwenden abgewöhnen. Das ist am Einfachsten und ohne Komforteinbußen beim Standby-Verbrauch möglich. Ziehen Sie, wo immer es möglich ist (bei Fernsehern, Stereoanlagen, heimischen Radioweckern während der Urlaubs etc.) den Stecker. Ladegeräte für Handys, Ipods etc. sollten nach Gebrauch grundsätzlich vom Stromnetz genommen werden (Stecker ziehen!), da sie auch außerhalb der Ladezeiten Strom verbrauchen.

Wem das zu umständlich ist, der besorge sich für die Standby-Verbraucher eine ausschaltbare Steckerleiste. Und wer während bestimmter Tageszeiten z.B. auf einen Fernseher im Standby-Betrieb nicht verzichten will, sollte dem Gerät eine einfache Zeitschaltuhr gönnen, die es zumindest während der anderen Zeiten vom Stromnetz trennt.
Häufig ist es schon ein Problem, Standby-Verbräuche zu erkennen. In vielen Fällen geben die kleinen roten Lämpchen an den Geräten den richtigen Hinweis – leider nicht in allen Fällen. Da hilft es nur, sich ein Strom-Messgerät zu leihen (z.B. bei manchen Baumärkten oder Energieversorgern) oder es zu kaufen. Damit lassen sich auch die hinterhältigsten Strom-Vampire aufspüren.

Um einen Überblick über Ihren Stromverbrauch im Jahresverlauf zu erhalten und den Gründen für Verbrauchs-Schwankungen auf die Schliche zu kommen, sollten Sie zumindest an jedem Monatsersten (noch besser wäre wöchentlich) Ihren Stromzähler-Stand ablesen und notieren.

Tipp: wenn Sie einen besonders hohen Stromverbrauch haben (also bei einem 4-Personen-Haushalt in einer 90qm-Wohnung jährlich über 8000 kWh), sollten Sie überprüfen lassen, ob ein Nachbar Ihre Stromleitung/Ihren Stromkasten angezapft hat. Solche Fälle gibt es leider, und da helfen auch keine eigenen Stromspar-Bemühungen, sondern nur das Aktivwerden der Justiz.

Wer auch beim besten Willen seinen Stromverbrauch nicht weiter drosseln kann, hat immer noch die Möglichkeit, seinen Strom-Anbieter zu wechseln und so bei einem Anbieter mit günstigeren Tarifen weniger zu bezahlen. Dafür gibt es im Internet mehrere Vergleichsportale [Lit].

Was viele nicht glauben: auch in diesem doch eher materiell unsichtbaren Bereich lassen sich Ressourcen sparen: wenn Sie Akkus statt Batterien verwenden, vermindern Sie damit den Ressourcenverbrauch – und schonen Ihr Portemonaie! Denn gute Akkus sind, anders als Batterien, keine Wegwerfprodukte, sondern lassen sich mehrfach wieder aufladen. Wenn Sie das auch noch mit einem Solarladegerät tun, haben Sie nicht einmal Energiekosten.
Achten Sie darauf, Ihre Akkus und Batterien keinen extremen Temperaturen auszusetzen; klirrender Frost und starke Sommerhitze schaden der Leistungsfähigkeit und der Lebensdauer.
Größtes Ärgernis bleibt allerdings die ungeheure Vielfalt an Akku-Typen, wobei selbst einzelne Hersteller von Elektrogeräten sich nicht für einen Akku-Typ entscheiden können und so das Typen-Chaos noch vergrößern. Hier kann der Konsument nur als Wähler handeln und die Politiker auffordern, den Herstellern klare gesetzliche Vorgaben zu machen.

Literatur:
Blockheizkraftwerke (BHKWs)

http://www.stromerzeugende-heizung.de
http://www.asue.de
http://www.bdh-koeln.de
http://www.bhkw-infozentrum.de/

Brennstoffzellen
http://www.dwv-info.de/
http://www.hydrogeit.de/brennstoffzelle.htm
http://www.wbzu.de/infopool.php
http://www.callux.net/

Kleinwasserkraft
http://www.kleinwasserkraft.de/
http://www.kleinwasserkraft.at/
http://www.kleinwasserkraft.ch
http://www.wkv-ag.com/
http://www.ossberger.de
http://www.staudruckmaschine.de/
http://www.flussstrom.de/

Kleinwindanlagen
http://www.bundesverband-kleinwindanlagen.de/
http://www.kleinwindanlagen.de
http://www.wind-energy-market.com/
http://www.enflo-windtec.ch/ (ummantelter Rotor)
http://www.corotec.eu/ (Vertikal-Rotor)
http://www.tassa.de (Vertikal-Rotor)
http://www.quietrevolution.com/de/ (Vertikal-Rotor)
http://www.windenergie-technik-crome.de/ (Windrad-Selbstbau)
http://www.windsucherwesterwald.de/ (Windrad-Selbstbau)

Fotovoltaik
http://www.dbu.de/spunkte/kirchendaecher/kirchenchecklistefoto.php (Checkliste für Kirchengemeinden – gilt im Prinzip auch für Einzelhäuser)
Ertragsdaten von Fotovoltaik-Anlagen

http://www.solarserver.de/pvrechner/
http://www.pv-ertraege.de/
http://www.sonnen-ertrag.de/
http://www.gueteschutz-solar.de/

Internet-Infoportale
Energybox Schweiz
http://www.energybox.ch/index.aspx
topprodukte.at
http://www.topprodukte.at
DENA zur Stromeffizienz im Privat-Haushalt
http://www.stromeffizienz.de/
Berliner Energieagentur GmbH zu energiesparenden Geräten
http://www.energiesparende-geraete.de/
EcoTopTen des Öko-Instituts/Freiburg i.Br.
http://www.ecotopten.de
Energieinstitut Vorarlberg
http://www.energieinstitut.at/
Initiative für Energie-Intelligenz – EnQ
http://www.en-q.de/
Tipps zur Elektroinstallation
http://www.elektro-plus.com/
Hausgeräte+ / Energieeffizienz im Haushalt
(aus Sicht der Industrie)
http://www.hausgeraete-plus.de/
Energiesparrechner
http://www.energiespar-rechner.de/

Mechanische und andere Alternativen
http://www.jawetec.de/index.php?content=bikecharger
http://www.finetech.net/

Beleuchtung/Licht
http://www.stromeffizienz.de/stromspar-service/check-beleuchtung.html
http://www.licht.de/

http://toplicht.ch/

Tageslicht-Lenkung
http://www.irb.fraunhofer.de/bauforschung/baufolit.jsp?s=Tageslichtlenkung
http://www.schorsch.com/de/kbase/prod/redir/
http://www.skytube-nls.com
http://www.lichtkamin.de/
http://www.solatube.com/
http://www.retrosolar.de/v_deutsch.html
http://www.bomin.de/prismenlamellen/

Stromtarife vergleichen
http://www.energie-verstehen.de
http://www.verbraucherzentrale.de/stromwechsel/
http://www.stromtarife.de/haushaltstarife.html
http://www.verivox.de/power/
http://www.stromtarife-vergleich.net/stromvergleich

1.4. Wasser

Unsere Erde gilt als der „Blaue Planet“: 70 Prozent der Erdoberfläche sind von Wasser bedeckt, wobei die Wassermenge rund 1,5 Milliarden Kubikkilometer ausmacht. Doch nur zwei Prozent davon sind Süßwasser, und nur 0,009 Prozent der gesamten Wassermenge sind für die Menschheit nutzbares (!) Süßwasser.
Heute werden in Deutschland täglich rund 122 Liter Wasser pro Einwohner verbraucht, wobei der Wasserverbrauch von Industrie, Verkehr etc. eingerechnet ist. Schon allein wegen der weltweit ansteigenden Temperaturen und der vermehrten Trockenperioden werden unsere Wasserpreise steigen. Da ist es sinnvoll, rechtzeitig eigene Sparmaßnahmen zu ergreifen.
Unser privater Wasserverbrauch entfällt auf zwei Nutzungsarten: Erstens Wasser als Lebensmittel: als Getränk (pur, Tee, Kaffee) und zum Kochen.

Zweitens Wasser als Brauch-/Nutzwasser: zum Zähneputzen, Waschen, Geschirrspülen, Wäschewaschen, Putzen, Toilette spülen, Pflanzen gießen. Für diese Nutzungsart wird heute bei uns immer noch überwiegend Trinkwasser verwendet. Dabei ist das gar nicht nötig: zum Putzen, Toilette spülen und Pflanzen gießen würde auch sauberes Regenwasser reichen.

Sie bauen/renovieren

Wenn Sie (um-)bauen, allein oder mit anderen (Doppel-oder Reihenhaus), haben Sie mehrere technische Möglichkeiten, Wasser und Kosten zu sparen:

Erstens können Sie eine Grauwasser-Nutzungsanlage [Lit] einbauen, die das bereits einmal zum Kochen, Zähneputzen, Waschen, Geschirrspülen und Wäschewaschen genutzte Leitungs-Frischwasser zuletzt noch für die Toilettenspülung verwendet. Dazu wird das einmal genutzte Wasser gefiltert und meist in einem großen unterirdischen Tank im Garten gesammelt. Von hier wird es mit einer Pumpe und in gesonderten Rohrleitungen den Toiletten zugeführt und nach Nutzung dort in die Kanalisation geleitet. Grauwasser-Nutzung hat den Vorteil, dass man das einmal bereits bezahlte Leitungswasser zum zweiten Mal nutzen kann, allerdings nur für Toilette.

Zweitens können Sie alternativ eine Regenwasser-Nutzungsanlage [Lit] installieren. Dazu wird das von den Dachflächen ablaufende Regenwasser gefiltert und in einem großen Tank, meist unterirdisch im Garten, gesammelt. Von dort wird es mit einer Pumpe und in extra Rohrleitungen einer erneuten Nutzung zugeführt. Allerdings ist das Regenwasser vom Dach sauberer und weniger verkeimt als das Grauwasser. Daher kann man es nicht nur für die Toilettenspülung, sondern auch für das Putzen, die Gartenbewässerung, das Waschen des Autos (wenn das nicht gesetzlich verboten ist) und sogar für die Waschmaschine verwenden. Vorteil der Regenwasser-Nutzung: da wenig Leitungswas-

ser vom Wasserwerk bezogen wird, sinkt die Wasserrechnung deutlich. Nachteil der Regenwasser-Nutzung: Regen fällt nie mit der Gleichmäßigkeit, mit der Grauwasser (Zähne putzen, Hände waschen, Duschen etc.) anfällt; wenn der Regenwassertank leer ist, weil er zu klein geplant war, muss frisches Leitungswasser eingespeist werden. Für die Regenwassernutzung eignen sich auch nicht alle Dachbeschichtungen gleich gut: Asbestzement-Platten (erst 1991 in Deutschland verboten), Bitumen- und Metall-Dächer beeinflussen die Wasserqualität negativ und sollten daher nicht verwendet werden; begrünte oder Kies-Dächer ergeben einen erheblich geringeren Regenwasser-Ertrag als z.B. glasierte Ziegeldächer.
Die Größe einer Regenwasser-Nutzungsanlage (Tank) errechnet aus dem Bedarf (Anzahl der Personen im Haushalt, Größe und Art des zu bewässernden Gartens etc.) und dem möglichen Ertrag (Größe des Daches, seine Beschichtung, Region mit vielen oder wenigen Niederschlägen). In den meisten Fällen dürfte ein 5-Kubikmeter-Tank für eine 4-köpfige Familie und einen Garten < 900 qm ausreichen (siehe oben [Lit]).

Bei den großen Systemen der Grau- und Regenwassernutzung bleibt jedoch ein grundsätzliches Problem: die Anlagen kosten mit ca. 4000-5000 Euro etwa so viel wie eine Warmwasser-Solaranlage. Und für einen 4-Personen-Haushalt in Deutschland rechnen sie sich bei den derzeitigen Wasserpreisen vieler Kommunen erst nach über 20 Jahren. Nur dort, wo sowohl der Wasserpreis als auch der eigene Bedarf hoch ist, kann man mit diesen Anlagen neben einem guten Gewissen auch noch einen guten Gewinn erzielen.
Attraktiver wird diese Lösung dann, wenn eine Förderung durch öffentliche Gelder dazu kommt – z.B. weil eine Gemeinde sich den teuren Ausbau ihres Kanalisationsnetzes für ein Neubaugebiet sparen will.

Auch wenn Sie auf ein großes System der Grau- oder Regenwassernutzung verzichten, haben Sie immer noch genug Möglichkeiten, frisches Leitungswasser zu sparen. Regenwasser lässt sich z.B. für die Gartenbewässerung gut in Regentonnen sammeln. Wenn Sie nicht gerade kostenlos an alte, öl- und schadstofffreie Tonnen kommen können, so hat fast jeder Baumarkt Regentonnen im Angebot – eine 200-Liter-Tonne kostet ca. 25 Euro. Mit einem Verbindungsstück an das Regenrinnen-Fallrohr des Hausdaches oder Carports angeschlossen und an einem möglichst schattigen Ort aufgestellt, werden ein oder zwei Regentonnen zum Rückgrad Ihrer Gartenbewässerung.

Wer sich unabhängig machen will von den Wasserwerken und ihren Rechnungen, kann einen eigenen Brunnen bohren [Lit]. Leider ist das auch in Gebieten, in denen die geologischen Bedingungen das erlauben, von den Behörden noch lange nicht erlaubt; in anderen Regionen müssen die staatlichen Stellen zumindest über die Brunnen-Bohrungen informiert werden.
Ob sich der Bau eines Brunnen für Sie lohnt, hängt entscheidend davon ab, bis in welche Tiefe nach Wasser gebohrt werden muss: wenn schon Ihr Haus wegen des hohen Grundwasserspiegels in eine Betonwanne gesetzt werden musste, ist das Brunnengraben viel einfacher, als wenn man über 30 Meter tief in den Erdboden muss, um überhaupt auf Wasser zu stoßen.
Von kleinen Brunnen zur Gartenbewässerung abgesehen, sollte man vor dem Bau eines Brunnen einen Fachmann hinzu ziehen, zumal für die sichere und saubere Frischwasserversorgung eines Haushalts verschiedene Installationen (Pumpe, Leitungen) notwendig sind.

Ein andere, einfachere Spar-Lösung ist ein 'Gartenwasserzähler'. Dieser wird so installiert, dass er das aus den Gartenwasserhähnen fließende Wasser misst. Für dieses Wasser zahlt nur die Frischwasserkosten. Abwassergebühren werden dagegen nicht fällig, da das Gartenwasser als Gießwasser für Pflanzen etc. in der Erde versickert.

Auch beim Wasser im Haus lässt sich eine Menge sparen:

Einarm-Armaturen erzeugen sehr schnell Mischwasser mit der gewünschten Temperatur, ohne dass dabei zu viel Wasser in den Abfluss fließt. Durchlaufbegrenzer („Perlatoren“) an den Wasserhähnen und Brauseköpfen verringern die durchströmende Wassermenge und versetzen sie mit Luft, so dass sich z.B. beim Waschen oder Duschen das Wasser gut und angenehm über den Körper verteilt.

Wer morgens unter die Dusche geht, muss häufig trotz moderner Einarm-Armaturen erst einmal eine Menge Wasser ablaufen lassen, bis das kühle Nass angenehm warm ist: über Nacht hat sich das Wasser in den Leitungen abgekühlt und es dauert eine Weile, bis das warme Wasser vom Warmwasserspeicher bis zur Dusche vorgedrungen ist. Abhilfe kann eine Konstruktion mit einer Pumpe schaffen, die beim Betätigen der Dusche warmes Wasser aus dem Speicher in die Leitungen pumpt und kühles (Stand-)Wasser aus den Leitungen zum Speicher/zur Heizeinheit zurück saugt.

Eine Möglichkeit, sich der Toilette als eines der größten Wasserverbraucher (ca. 50 Liter pro Tag/Person) im Haushalt zu entledigen, bietet die moderne Kompost-Toilette [Lit]. Im Gegensatz zu den alten „Donnerbalken“ und Herzhäuschen auf dem Hof ist sie mit ihrem Abluftsystem weitgehend geruchlos und hygienisch unbedenklich. Nur in Ausnahmefällen dürfte eine Pflanzenkläranlage in Frage kommen, die immerhin die Abwasserkosten sparen kann.

Sie sparen

Achten Sie darauf, ob Ihre (Miet-)Wohnung einen Kaltwasserzähler hat. In den gültigen Bauordnungen verschiedener Bundesländer wie z.B. in Hamburg ist dieser zwingend vorgeschrieben; für Ausnahmen müssen schriftliche Genehmigungen der zuständigen Behörden vorliegen. Sollte ein Wasserzähler vorgeschrieben, aber nicht installiert sein, fordern Sie die Eigentümer-Versammlung oder Ihren Vermieter unter Setzung einer Frist auf, diesen Zähler umgehend einzubauen. Schließlich soll Ihr Wassersparen auch Ihnen zu Gute kommen.

Tauschen Sie defekte Dichtungen unbedingt zügig aus; steter Tropfen höhlt Ihren Geldbeutel! Wenn ein tropfender Wasserhahn oder ein undichter Spülkasten der Toilette in zwei Stunden ca. einen Liter Wasser verliert, so sind das pro Jahr bereits 4300 Liter – zumeist kostbares Trinkwasser.

Ihre Geschirrspül- und Waschmaschinen sollten Sie nicht halbvoll in Betrieb setzen, sondern richtig füllen. Selbst gegenüber modernen Sparprogrammen für nur teilweise gefüllte Maschinen ist die volle Ausnutzung der Maschinenkapazität immer noch günstiger. Bei Waschmaschinen können Sie zudem noch dadurch Wasser sparen, indem Sie auf eine (heute meist sowieso überflüssige) Vorwäsche verzichten.

Sie sollten nichts unter fließend Wasser reinigen – weder Zahnprothesen noch Erdbeeren. Lassen Sie statt dessen etwas Wasser ins Wasch-Becken oder in die -Schüssel und reinigen das entsprechende Gut dann dort.

Wenn Sie im Sommer häufiger kühler/kaltes Wasser brauchen, müssen sie das Leitungswasser nicht erst minutenlang ablaufen lassen, sondern Sie können immer eine Flasche mit Leitungs-Wasser im Kühlschrank bereit halten.

Beim Kochen sparen Sie Wasser durch die Verwendung eines Dampfdrucktopfs. Das Kochwasser vom Gemüse und den Kartoffeln können Sie für das Giessen der Gartenpflanzen verwenden und eventuell in der Regenwasser-Tonne „zwischenlagern“.

Und ein romantisches Bad zu zweit beweist, dass das Sparen auch Spaß machen kann.

Literatur:

Grauwassernutzung
http://www.fbr.de/thema/grauwasser.htm
http://www.ifz.tugraz.at/oekoeinkauf/index.php/filemanager/download/83/Modul11_6%5B1%5D.pdf

Regenwassernutzung
http://www.fbr.de/regenwassernutzung.html
Empfehlungen und Berechnungen zur Regenwasser-Nutzung
http://cdl.niedersachsen.de/blob/images/C6481394_L20.pdf
Anlagenrechner zur Ermittlung der Regenwasserzisternen-Größe
http://www.gep.info/GEPAnlagenrechnerExtern.aspx

Brunnenbau
http://www.der-brunnen.de/

Informationen zu Trocken-/Kompost-Toiletten und Pflanzenkläranlagen
http://www.bueroholzapfel.de
http://de.wikipedia.org/wiki/Pflanzenkläranlage

1.5. Kommunikationsleitungen

Während noch vor 25 Jahren in Osteuropa ein Telefonanschluss ein ungeheures Privileg war, reichen heute schon die modernen Kommunikationsleitungen in viele Kinderzimmer.
Doch nicht nur die Zahl der Leitungen hat sich vervielfacht, auch die Kommunikationswege haben sich erweitert: Handys machen uns überall erreichbar, dass manche schon von der „unsichtbaren Hundeleine“ sprechen; die interne Vernetzung von Häusern und Wohnungen schreitet immer mehr voran.

Sie bauen/renovieren

Das Einsparpotential in diesem Bereich hängt weniger von den technischen Möglichkeiten als von Ihren persönlichen Bedürfnissen ab. Ganz allgemein gibt es bei den Kommunikationsleitungen zwei Themenkreise: hausinterne Verbindungen und hausexterne Verbindungen.

haus**interne** Verbindungen:
Grundsätzlich werden hausinterne Verbindungen wie die Einrichtung eines lokalen Netzwerkes/LANs („Lokal Area Network“) etc. erheblich erleichtert, wenn Sie schon beim Hausbau bzw. der Renovierung ein System von Leerrohren [Lit] eingebaut haben. Dann werden viele Notlösungen überflüssig; die optimalen Kabel lassen sich relativ problemlos in die Leerrohre einziehen. Doch auch mit oder ohne Leerrohre gibt es eine Vielzahl von Lösungen:

Da sind zum einen die festen Verkabelungen: Wer nur zwei oder drei PC-Arbeitsplätze im gleichen Büro-Raum oder eins/zwei Räume weiter miteinander verbinden will, ist mit entsprechenden Netzwerkkabeln (Ethernet-LAN) gut bedient: die modernen PC sind vielfach netzwerkfähig, die Verkabelung kann frei, auf Putz oder unter Putz erfolgen, ein schnelles Übertragen großer Datenmengen ist kein Problem, die Abhörsicherheit ist relativ gut. Nachteil: man kann nur dort vernetzt arbeiten, wo ein LAN(lokales Netzwerk)-Kabel liegt, also eher nicht auf der Terrasse.

Aber es gibt Übertragungsverfahren, die bereits bestehende Leitungen nutzen und daher Umbauten meist überflüssig machen; „HomePlug“ heißt diese Technik allgemein:
„Powerline“ nennt sich der Datentransfer über Stromleitungen. Wenngleich sich diese Technik bei den hausexternen Verbindungen nur in wenigen Regionen (u.a. Dresden und Mannheim) durchgesetzt hat, so ist sie bei der hausinternen Vernetzung inzwischen weit verbreitet. Vorteil: eine besondere Kabelverlegung ist nicht erforderlich; überall, wo sich eine Steckdose befindet (auch auf der Terrasse oder im Gartenhaus), ist man vernetzt. Selbst USB-Geräte (Drucker, MP3-Player etc.) lassen sich über die Stromleitung ansteuern. Nachteile: es muss extra Hardware gekauft werden, wobei die Preise je nach Anwendung und An-

zahl der anzuschließenden Geräte zwischen ca. 50 und 200 Euro schwanken; obgleich Powerline-Geräte verschlüsseln, ist ein Abhören z.B. durch den Nachbarn im selben Haus nicht absolut auszuschließen; die Powerline-Technik hat mit ihren Adaptern einen Standby-Verbrauch von ca. 2-4 Watt; Störungen durch andere elektrische Geräte (Waschmaschinen, Geschirrspüler etc.) können nicht immer gänzlich ausgeschlossen werden.
Ähnlich wie Powerline funktionieren auch die Verbindungen über häusliche Telefonleitungen oder Antennenkabel. Hier können keine anderen Elektro-Geräte die Verbindung stören; Antennenkabel haben eine „Reichweite" von bis zu 700 Metern und sind damit auch für die Verkabelung größerer Gebäudekomplexe geeignet. Nachteile: nicht in jedem Raum liegen meist schon Telefon- oder Antennenkabel, so dass ohne Leerrohre eine aufwändige Nachverkabelung notwendig ist.
Als Anbieter für die Netzwerktechnik über Antenne, Strom und Telefon gibt es mittlerweile verschiedene Gerätehersteller [Lit].

Neben den festen Verkabelungen gibt es noch die Typen der kabellosen Verbindungen zwischen den Geräten, wobei manche wie Infrarot (geht nur bei unverstellter Sicht-Verbindung im selben Raum) oder DECT (wegen der geringen Datenraten nur für Telefon-Kommunikation) aus technischen Gründen für die PC-Vernetzung keine Rolle spielen:

WLAN (Wireless LAN= drahtloses lokales Netzwerk) ist ein Kurzstrecken-Funksystem, das über eine Funkstation, die mit dem hausexternen Netz verbunden ist, allen WLAN-fähigen PCs im Haus die Verbindung untereinander und ggf. den Zugang zum Internet ermöglicht. Vorteil: Notebooks können von überall im Haus und Garten frei und ohne lästige Leitungen ins Internet gehen; die meisten PCs/Notebooks werden heute schon vom Hersteller mit einer WLAN-Karte versehen. Nachteil: wie Powerline sind WLAN-Netzwerke zwar zu verschlüsseln; dennoch ist ein Abhören durch Nachbarn nicht absolut auszuschließen. Zudem kann das WLAN durch Fernseher, Schnurlos-Telefone etc. gestört werden. Auch ist die Reichweite des WLAN stark davon abhängig, ob es dicke Steinwände und Stahlbetondecken überbrücken muss. Je mehr solcher Hindernisse vorhanden sind, desto stärker muss die Sendeleistung sein und damit steigt auch der Energie-/Strom-Verbrauch. Schon die normale Leistungsaufnahme liegt je nach Gerät zwischen 6 und 13 Watt. Daher sind Überbrückungen von mehreren Stockwerken in modernen Massivhäusern schlecht möglich.

„Bluetooth" ist ebenfalls ein Kurzstrecken-Funknetzwerk, was ursprünglich für die Telefonie gedacht war, aber auch zur PC-Vernetzung verwendet werden kann. Vorteil: die Kommunikation des PC klappt auch mit vielen bluetooth-fähigen Kleingeräten wie Audiosystemen, Navigationsgeräten, Headsets etc.; die Energieaufnahme beträgt nur ca. ein Zehntel der bei WLAN. Nachteil: für die PC-Nutzung ist eine spezielle Hardware erforderlich, die nicht in allen PCs integriert ist; die mögliche Datenübertragungsrate (ca. 2 Megabits pro Sekunde = 2 MBit/s) ist geringer als bei WLAN; auch wird die Übertragung durch massive Decken und Wände noch stärker eingeschränkt.

Wireless USB (WUSB) hat zwar mit seinen ca. 480 MBit/s eine erheblich höhere Datenübertragungsrate als Bluetooth, hat aber eine ebenso extrem kurze Reichweite. Außerdem teilt es sich den Frequenzbereich mit anderen Nutzern (z.B. Mobilfunk), so dass gegenseitige Beeinflussungen nicht auszuschließen sind. Schließlich gibt es in Europa zwar WUSB-Adapter-/Verbindungs-Sets, aber so gut wie keine Geräte mit eingebautem WUSB-Anschluss; daher ist diese Technik allenfalls „Zukunftsmusik".

DECT-Telefone, die schnurlosen Festnetztelefone setzen sich immer mehr durch. Die Geräte sind das ganze Jahr rund um die Uhr im Stand-by-Betrieb und verbrauchen dabei insgesamt rund 20 Kilowattstunden (kWh). Dazu kommt der erhöhte Sende-Stromverbrauch beim Telefonieren sowie die Kosten für den Austausch alter/defekter Akkus.

Zudem sind die DECT-Telefone nicht abhörsicher.

Während die o.a. Verbindungstechniken zwar bereits existieren, sich aber auf den Bereich Informationstechnologie (IT) und Telekommunikation (TK) beschränken, arbeiten die Techniker und Hersteller bereits an einem aufwändigen Zukunftsprojekt: dem vernetzten Haus. Dabei sollen zusätzlich zur IT/TK auch „weiße Ware“ (Kühlschränke, Waschmaschinen etc.), Heizungen, Beleuchtungssysteme, Haustüren etc. miteinander vernetzt und auch ferngesteuert werden. Diese Technik wird uns wohl nicht nur einen meist unnötigen Mehrverbrauch an Energie bescheren, sondern den Verbraucher auch noch mit zusätzlichen Anschaffungs- und Wartungskosten belasten. Das macht die Begeisterung mancher Gerätehersteller und Branchenverbände [Lit] nur zu verständlich, ist aber nicht unbedingt im Interesse der Verbraucher. Profitieren dürften vom vernetzten Haus auch Cyber-Kriminelle, wie sich heute schon beim Betrug im Internet und den kriminellen Tricks beim Online-Banking zeigt. Fern-bediente Häuser eröffnen künftig auch Kriminellen derzeit noch ferne Möglichkeiten des Diebstahls und der Erpressung.
Zum Glück ist das vernetzte Haus bisher nur Zukunftsmusik.

haus**externe** Verbindungen:
Die vier Verbindungsschienen Telefon, Internet, (Kabel-)Fernsehen, Handy gehören als hausexterne Verbindungen heute zu fast jedem Haushalt. Anders als bei den hausinternen Verbindungen kosten sie nicht nur Strom, sondern die Provider, die man für diese hausexternen Verbindungen benötigt, schicken selbstverständlich auch Rechnungen.
Viele Provider, die ursprünglich nur eine der vier o.a. Verbindungsschienen bedient haben, bieten heute Pakete an, die mehrere der o.a. Verbindungsarten beinhalten. Am verbreitetsten sind die Pakete „Telefon + Internet“, aber es gibt auch „Telefon + Internet + Fernsehen“-Angebote und einzelne Provider bieten letzteres sogar inklusive Handy an. Letztlich muss bei jeder Auswahl im Vordergrund stehen: was sind Ihre Bedürfnisse?

Sie telefonieren oft von zu Hause aus ins deutsche Festnetz und surfen im Internet? Dann kann eine Telefon- plus DSL-Flatrate das Richtige sein, wobei die benötigte Geschwindigkeit der DSL-Leitung (schnelle Internet-Anbindung) davon abhängt, was Sie im Internet vorhaben: wenn sie am Bildschirm Nachrichten lesen und Preise recherchieren, kommen Sie mit einer langsameren Verbindung aus als wenn Sie Filme ansehen. Wenn Sie auch häufig ins Ausland telefonieren, können Sie Ihre DSL-Flatrate für „Voice over IP“ (VoIP/Internet-Telefonie) oder „Voice over Cable“ (VoC/Kabel-Telefonie) nutzen: das kann erhebliche Gebühren sparen. Wollen Sie diese Art des Telefonierens nicht nur auf ihren PC beschränken, können Sie heute auch spezielle Telefone dafür verwenden. Diese kosten jedoch nicht nur bei der Anschaffung Geld, sondern sind – wie die DECT-Telefone – immer im Standby-Betrieb und verbrauchen Energie.

Sie sind meist mobil, telefonieren überwiegend in Mobilfunknetze und nutzen das Internet höchstens beruflich von unterwegs aus? Dann ist vielleicht ein Handy plus Handyflatrate für Sie die erste Wahl, wobei man das Handy auch als Internetanschluss für Laptops/Notebooks verwenden kann. Wollen Sie Handy und Notebook zeitgleich nutzen, gibt es für den Laptop von verschiedenen Anbietern extra Surf-Sticks, auch als UMTS-Verbindung (mobile Hochgeschwindigkeits-Verbindung). Diese Surf-Sticks gibt es in den unterschiedlichsten Varianten: als Prepaid, mit Monatsbindung oder als Tages-Flatrate.

Sie wollen als Filme-Fan auch zeitversetzt fernsehen, damit Ihnen keiner Ihrer Lieblingsfilme entgeht? Dann können Sie ein „Entertainment-Paket“ ordern, das Sie über Telefon- oder Glasfaser-Kabel an Ihren Provider anbindet, und zu dem, neben dem TV, auch eine Telefon- und Internet-Flatrate gehört.

Die hier erwähnten Nutzungsbedürfnisse sind häufig, aber sicher nur ein Ausschnitt aus den vielen denkbaren Möglichkeiten.

Dazu kommen die teilweise schnell wechselnden Angebotspakete und Tarife der Provider; für einen Überblick helfen Vergleichs-Portale im Internet [Lit].

Einige wenige „Regeln" für die eigene Vernetzung gibt es dennoch; sie können Ihnen helfen, Geld zu sparen:
Wenn Sie ein „News-Junkie" sind und die Medien (Fernsehen, Internet) vor allem für die Beschaffung von Informationen nutzen, brauchen Sie keine TV- oder Video-Flatrate.
Für Handy-Abstinenzler, also Menschen, die ihr Handy sehr selten nutzen, reicht eine Prepaid-Karte.
Nicht der Handy-Provider mit den billigsten Tarifen ist auch der günstigste: wer mit dem Handy meist von einem bestimmten geographischen Ort aus telefoniert, sollte darauf achten, dass der künftige Provider dort mit guter Anbindung und mit eigenem Netz präsent ist; wer hauptsächlich mit einem bestimmten Freundeskreis telefoniert, sollte schauen, welchen Provider die entsprechenden Freunde (zumindest in der Mehrzahl) nutzen.
Wer mit seiner Kommunikations-Anbindung Geld verdient – z.B. weil er sein Büro/Geschäft von zu Hause aus betreibt, sollte grundsätzlich mehr Wert auf eine sichere/stabile Anbindung mit zuverlässiger Hotline legen als auf eine billige; denn sonst kann billig sehr schnell teuer werden (z.B. wegen Kundenausfällen etc.)

Sie sparen

Ein erhebliches Einsparpotential besteht bei der Auswahl der Provider und gegebenenfalls beim Wechsel zu einem günstigeren [Lit]. Achten Sie darauf, sich nicht mit langen Vertragslaufzeiten auf Dauer zu sehr festzulegen. Überlegen Sie vorher, was Sie an Diensten haben wollen; sonst erhalten Sie leicht ein Paket mit Optionen (z.B. Videos/Fernsehen über DSL-Leitung), das Sie gar nicht wollen (s.o.).
Überlegen Sie auch, ob ein Wechsel überhaupt technisch möglich ist: wenn sich in abgelegeneren Landregionen kein DSL-

oder Kabelanschluss installieren lässt, kommt der Wechsel zu bestimmten Providern gar nicht in Frage.

Wie bei den hausexternen Netzen lässt sich auch bei den hausinternen Netzen sparen – hier vor allem Strom. Die (WLAN-)Router sollten Sie nur dann in Betrieb setzen, wenn Sie für Ihren PC eine Verbindung z.B. zum Drucker oder ins Internet benötigen. Bisweilen gibt es sogar (WLAN-)Router, die zwar ständig im Stand-by-Betrieb laufen, aber nie gebraucht werden, da sich z.B. das WLAN wegen der vorhandenen Betondecken als nutzlos erwiesen hat und man nun per „Powerline" etc. ins Netz geht. Bei solchen Routern sollte man endgültig „den Stecker ziehen". Ansonsten gehören alle Geräte an ausschaltbare Steckerleisten.

Literatur:
Leerrohre
http://www.leerrohrberater.de

Vernetzung über bestehende Leitungen
http://www.allnet.de/
http://www.corinex.com/
http://www.devolo.de

Institutionen und Verbände pro vernetztes Haus
http://www.izconnected.de
http://www.bitkom.de/de/presse/8477_58570.aspx
http://www.bvew.eu/

Vergleichsportale im Internet zu Provider-Tarifen
http://www.teltarif.de
http://telko.check24.de/telekommunikation/

1.6. Fordern & Fördern

Wer Energie, Geld und Ressourcen sparen will, wird durch eine Vielzahl von Gesetzen und Verordnungen reglementiert. Da sind

zum einen die staatlichen Vorschriften, die in Deutschland und Österreich die geltenden Regelungen der Europäischen Union in nationales Recht umsetzen und daneben auch eigene Gesetze in Geltung setzen.
In Deutschland sind gleich mehrere Bundesministerien für das Energie-Geld-Ressourcen-Sparen im weitesten Sinne zuständig, nämlich das „Bundesministerium für Umwelt, Naturschutz und Reaktorsicherheit"/BMU [Lit], das „Bundesministern für Wirtschaft und Technologie"/BMWi [Lit], das „Bundesministerium für Verkehr, Bau und Stadtentwicklung"/BMVBS [Lit], sowie das „Bundesministerium für Verbraucherschutz, Ernährung und Landwirtschaft"/BMELV [Lit].
Beraten und unterstützt werden Regierung und Ministerien von einer Vielzahl von staatlichen und halbstaatlichen Institutionen [Lit] wie z.B. dem Umweltbundesamt (UBA), dem Rat für Nachhaltige Entwicklung, der Fachagentur Nachwachsende Rohstoffe, der Deutschen Energie-Agentur (dena), der Agentur für Erneuerbare Energien und vielen mehr. Ähnlich sieht es auch in Österreich [Lit] und der Schweiz [Lit] aus.

Die Ministerien und ihre Berater produzieren nicht nur eine Vielzahl von Gesetzen und Verordnungen [Lit] wie z.B. das mit Fördermitteln ausgestattete „Erneuerbare Energien Gesetz"/EEG oder die „Energieeinsparverordnung"/EnEV. Auf den Internetseiten der Ministerien und Institutionen finden sich auch Hinweise auf Veränderungen der Gesetzeslage, Antworten auf Spezialfragen wie z.B. zu ökologischen Dämmstoffen und zu neuen Techniken sowie sogar Energiespartipps.

Neben den Bundesministerien gibt es noch die (Umwelt-)Behörden der Bundesländer und der einzelnen Gemeinden. Auf deren Internetseiten finden sich neben einer Fülle von wertvollen Hinweisen [Lit] auch eine Fülle von Gesetzen und Verordnungen.

Manches von dieser allgemeinen Regelungsflut ist ein Hindernis beim Energie-Geld-Ressourcen-Sparen: Strom aus Kleinwindanlagen wird in Deutschland verhältnismäßig schlecht vergütet; die Kleinfeuerungsanlagenverordnung [Lit] schränkt die Verwendung von Brennstoffen in Kaminen und Öfen ein; kommunale Bau- oder Naturschutz-Ordnungen verhindern bisweilen regenerative Energienutzung, günstige Hausformen oder das Abholzen von Bäumen für Solaranlagen.

Andererseits geben die staatlichen Institutionen den Verbrauchern auch Hilfe und Anhaltspunkte für das Energie-Geld-Ressourcen-Sparen durch die Festlegung von Qualitätsstandards wie z.B. die Kennzeichnung von Produkten durch Umweltzeichen:

*„Der Blaue Engel" [Lit] existiert seit 1978 und ist damit das älteste deutsche Umweltzeichen. Er wird von der unabhängigen Jury Umweltzeichen vergeben, deren Mitglieder für drei Jahre vom Bundesumweltminister aus allen relevanten gesellschaftlichen Gruppen (Umwelt-, Verbraucherschutz-, Industrie-Verbände etc.) ernannt werden. Die Kriterien für die Vergabe des Blauen Engels legt das Umweltbundesamt fest, die RAL gGmbH prüft die Einhaltung der Kriterien und vergibt dann das Zeichen – mittlerweile für rund 10.000 Produkte. Die so gekennzeichneten Produkte sind umweltfreundlich und langlebig. Mittlerweile gibt es eine Erweiterung um mehrere neue Produktgruppen und Blaue-Engel-Zusatzzeichen z.B. für Produkte, die energiesparend sind und so das Klima schützen.
Allerdings ersetzt das Zeichen nicht das Nachdenken beim Verbraucher: nur Sie allein können entscheiden, ob Sie einen umweltfreundlichen Wäschetrockner nutzen oder noch besser Ihre Wäsche auf dem Balkon trocknen.

*Das EU-Label [Lit] existiert seit 1998 und zeigt mit seinen Klassen vom grünen „A" bis zum roten „G", wie energieeffizient (A) bzw. energieuneffizient (G) elektrische Geräte sind. Energieeffizienz bedeutet, wie viel Energie man aufwenden muss, um ein bestimmtes Ergebnis/einen bestimmten Nutzen zu erreichen. Bei den Haushaltsmaschinen wird ggf. neben dem Strom- auch der Wasserverbrauch bewertet. Der Vergleich gilt immer nur für die Energieeffizienz eines bestimmten Produkttyps (z.B. Lampen), nicht zwischen verschiedenen Produktgruppen (z.B. Geschirrspüler und Waschmaschinen). Da der technische Fortschritt seit 1998 weiter gegangen ist, müssen inzwischen einige Kühl- und Gefriergeräte sogar mit den Top-Labeln „A+" und „A++" ausgezeichnet werden. Ähnlich, wenn auch mit kleinen Unterschieden, ist es bei der Schweizerischen „energieEtikette" [Lit]. Statt der „A+" und „A++" soll ab 2011 ein neues EU-Label mit den Kennzeichnungen A -20 Prozent, A -40 Prozent, A -60 Prozent und A -80 Prozent den Verbrauchern zeigen, um wie viel weniger Energie ein Gerät verbraucht als ein vergleichbares in der Energieeffizienzklasse A.

Leider wird bisher nur eine kleine Gruppe elektrischer Geräte nach dem EU-Label bewertet: Elektrobacköfen, Geschirrspüler, Klimageräte, Kühlschränke und Gefriertruhen, Lampen, Wäschetrockner, Waschmaschinen. Dagegen sind rund 70% der Haushaltselektrik und -Elektronik wie mittlere und kleine Küchengeräte (Mikrowelle, Mixer etc.), Computer-Technik (PCs, Drucker etc.), Unterhaltungselektronik (Fernseher, DVD-Player etc.), Reinigungstechnik (Staubsauger etc.) nicht kennzeichnungspflichtig. Zwar wird die EU ihr Label-System künftig ausweiten – so könnte ab Ende 2011 ein Label für (Auto-)Reifen eingeführt werden – und auch neue Gesetze wie die Begrenzung des Standby-Verbrauchs auf ein Watt werden zur Sparsamkeit beitragen, aber für die meisten Elektro-Geräte wird es wohl noch lange kein verbindliches Effizienzsystem geben.

Wenn Sie also künftig elektrische Geräte kaufen, nutzen Sie nach Möglichkeit die Informationen im EU-Label, um Energie und Geld zu sparen. Allerdings sagt das EU-Label nichts über die Langlebigkeit des Produktes aus. Und es kann Ihnen nicht verraten, ob Sie das Produkt wirklich brauchen oder nicht.

*Der „Energieausweis“ [Lit] für Häuser und Wohnungen wurde zum 1. Juli 2008 per Gesetz in Deutschland eingeführt und ist inzwischen für fast alle Gebäude Pflicht – eine Ausnahme ist z.B. selbst genutztes Wohneigentum. Käufer und Mieter sollen mit Hilfe des Energieausweises erkennen, ob das Objekt ein Energiesparer oder eine Energieschleuder ist. Daher müssen Verkäufer/Vermieter den Energieausweis spätestens auf Nachfrage vorlegen. Bisher gibt es zwei Arten von Energieausweisen: beim Bedarfsausweis wird der Energiebedarf des Objektes mit Blick auf die technischen und physikalischen Gegebenheiten (Heizungsanlage, Dämmung, Gebäudeform, Ausrichtung) durch einen Fachmann berechnet; beim Verbrauchsausweis gilt der Verbrauch der letzten drei Jahre, der z.B. auch deshalb sehr niedrig sein kann, weil die Vorbesitzer immer den Winter im Süden verbrachten und deshalb nicht viel heizten. Ein Bedarfsausweis ist daher immer vorzuziehen. Verzeichnisse von Energiepass-Ausstellern finden Sie im Internet.

Da der Energieausweis nur etwas über die Heizenergie-Effizienz des Objektes aussagt, aber nichts über seine sonstigen Qualitäten, wird seit Anfang des Jahres 2009 das
*„Deutsches Gütesiegel Nachhaltiges Bauen“ [Lit] gemeinsam vom Bundesministerium für Verkehr, Bau und Stadtentwicklung (BMVBS) und der Deutschen Gesellschaft für nachhaltiges Bauen e. V. (DGNB) vergeben. Hierbei sind auch die Erhaltung des ökonomischen Wertes und die Senkung der Lebenszyklus-Kosten der Objektes von Interesse.

Neben den o.a. quasi-staatlichen Labeln/Informationen können Tests/Untersuchungen von nichtstaatlichen Institutionen und Organisationen [Lit] dem Verbraucher bei der Auswahl von Produkten helfen. Hier sind z.B. die „Stiftung Warentest“ und das Unternehmen „ÖKO-TEST Verlag GmbH“ mit ihren Tests, aber auch der TÜV Rheinland mit seinen Zertifikaten wie „Energieeffizienz geprüft“ zu nennen.

Der Gesetzgeber stellt aber nicht nur Forderungen; für viele Bereiche bietet er z.T. umfangreiche finanzielle Förderungen an. Diese verschiedenen Fördermaßnahmen beruhen jeweils auf bestimmten Gesetzen wie dem „Erneuerbare Energien Gesetz"/EEG oder dem „Kraft-Wärme-Koppelungsgesetz"/KWKG, die aber immer wieder „novelliert", d.h. geändert werden, so dass sich dadurch auch die Förderbedingungen ändern.
Einen aktuellen Überblick über die staatlichen Fördermaßnahmen bietet neben den entsprechenden Internet-Seiten der Bundesministerien bzw. der ihnen zuarbeitenden Behörden die Web-Site „energiefoerderung.info" sowie die „Förderdatenbank" des BMWi [Lit].

Für die Abwicklung der Fördermaßnahmen bedienen sich die Bundesministerien des „Bundesamt für Wirtschaft und Ausfuhrkontrolle (BAFA)" und der „Kreditanstalt für Wiederaufbau (KfW)", bei denen auch die Förderbedingungen/-standards eingesehen werden können [Lit].
Zur Förderung des Bundes kommt die spezielle Förderung der Bundesländer für ihren jeweiligen Bereich. Informationen dazu erhalten Sie über die Umweltministerien der einzelnen Bundesländer, bisweilen auch über extra eingerichtete Institutionen der Bundesländer [Lit].

Über die aktuellen Fördermöglichkeiten informieren auch einzelne Fachverbände, wie z.B. der „Bundesverband Solarwirtschaft (BSW-Solar) e.V." oder die „Geothermische Vereinigung - Bundesverband Geothermie e.V." und andere [Lit]. Weiterhin halten die meisten Bausparkassen entsprechende Infos für ihre Kunden bereit [Lit].
Wenn auch künftig die Förderung noch weiter ausgedehnt werden wird, so lohnt es sich jetzt schon, die angebotenen Fördermittel zu nutzen, zumal ja auch die Nachfrage nach dem „Fördermittelkuchen" steigen wird.

Literatur:

Deutsche Bundesministerien
http://www.bmu.de/
http://www.bmwi.de/BMWi/Navigation/Energie/energieeinsparung.html
http://www.bmvbs.de/
http://www.bmelv.de

Einige deutsche staatliche und halbstaatliche Institutionen
Umweltbundesamt (UBA)
http://www.umweltbundesamt.de/
Rat für Nachhaltige Entwicklung
http://www.nachhaltigkeitsrat.de
Fachagentur Nachwachsende Rohstoffe
http://www.fnr.de/
Deutsche Energie-Agentur GmbH (dena)
http://www.dena.de/
Agentur für Erneuerbare Energien
http://www.unendlich-viel-energie.de/

Österreichische Institutionen
Bundesministerium für Land- und Forstwirtschaft, Umwelt und Wasserwirtschaft
http://www.lebensministerium.at/
Österreichisches Umweltbundesamt
http://www.umweltbundesamt.at/
Österreichische Energieagentur
http://www.energyagency.at
Rechstinformationssystem Österreich
http://www.ris.bka.gv.at/
Österreichisches Ökologie-Institut
http://www.ecology.at/
Österreichische Arbeitsgemeinschaft Erneuerbare Energie (AEE)
http://www.aee.at/
topprodukte.at der Österreichischen Energieagentur
http://www.topprodukte.at/

Impulsprogramm „Nachhaltig Wirtschaften“ des österreichischen Bundesministeriums für Verkehr, Infrastruktur und Technologie
http://www.nachhaltigwirtschaften.at/
Österreichische Umwelttechnik-Datenbank: informiert über Dienstleister und Produkte
http://www.umwelttechnik.at/
Infoservice Wohnen und Bauen
http://www.iswb.at/
„die umweltberatung“ Verband Österreichischer Umweltberatungsstellen, Dachverband mehrerer regionaler Organisationseinheiten
http://www.umweltberatung.at/

Schweizer Institutionen
Bundesamt für Energie BFE
http://www.bfe.admin.ch/
Schweizerische Argentur für Energieeffizienz
http://www.energieagentur.ch/d/IndexAktuell.html
Konferenz Kantonaler Energiedirektoren
http://www.endk.ch/
Energieseite der Nordwestschweizer Kantone
http://www.infoenergie.ch/

Gesetze und Verordnungen des deutschen BMU
http://www.bmu.de/gesetze_verordnungen/alle_gesetze_verordnungen_bmu/doc/35501.php
Deutsche Gesetze im Internet
http://www.gesetze-im-internet.de/
Energieeinsparverordnung
http://www.enev-online.de/

Informationen der deutschen Bundesländer, z.B.
http://www.energieagentur.nrw.de/haushalt/energiecheck/
http://www.energieland.hessen.de/

Kleinfeuerungsanlagenverordnung in der „Ersten Verordnung zur Durchführung des Bundes-Immissionsschutzgesetzes" (1.BImSchV), § 5, von 1988
http://www.gesetze-im-internet.de/bimschv_1_1988/__5.html

Kennzeichnung Umweltzeichen
Der Blaue Engel
http://www.blauer-engel.de
RAL gemeinnützige GmbH
http://www.ral-umwelt.de
EU-Label
http://www.eu-label.de
http://www.stromeffizienz.de/eu-label.html
Schweizerische energieEtikette (gilt auch für Personenwagen)
http://www.bfe.admin.ch/energieetikette/index.html

Energieausweis
http://www.dena-energieausweis.de
http://www.zukunft-haus.info/de/verbraucher/energieausweis.html
http://www.enev-online.de/
http://www.energiepass-aussteller-verzeichnis.de
http://www.energieausweisfinden.at/energieberater-finden

Deutsches Gütesiegel Nachhaltiges Bauen
http://www.nachhaltigesbauen.de/deutsches-guetesiegel-nachhaltiges-bauen.html
http://www.dgnb.de/de/zertifizierung/vorteile/

Nichtstaatliche Test- und Überwachungs-Institutionen
http://www.test.de/
http://www.oeko-test.de/
http://www.tuv.com/de/elektrische_elektronische_produkte.html

Staatliche Förderbedingungen

http://www.bmu.de/energieeffizienz/foerdermittel_beratung/foerdermoeglichkeiten/doc/37904.php
http://www.bio-energie.de/
http://www.energiefoerderung.info/
http://www.foerderdatenbank.de/

Förderung durch BAFA und KfW
http://www.bafa.de
http://www.bafa.de/bafa/de/energie/erneuerbare_energien/index.html
http://www.kfw.de/
http://www.kfw-chancen.de/foerderpraxis

Einzelne Förder-Angebote der Bundesländer
http://www.hessenenergie.de/
http://www.umwelt.niedersachsen.de/master/C4024314_N11460_L20_D0_I598.html
http://www.energieagentur.nrw.de/
http://www.saena.de/
http://www.energieagentur-sh.de/

Förderungsberatung von Verbänden
http://www.solarfoerderung.de
http://www.geothermie.de/aktuelles/foerderung.html
http://www.bkwk.de/
http://www.intelligent-heizen.info
http://www.bdh-koeln.de/html/pdf/pdf_1/bdh-leitfaden-foerderprogramme-2009-05.pdf

Bausparkassen
http://www.schwaebisch-hall.de/
http://www.bhw.de/content/Produkte/BauFinanzierung/KfWDarlehen/
http://www.lbs.de/
http://www.wuestenrot.de/

2. Wohnzimmer

Sie bauen/renovieren

Das Wohnzimmer, die „gute Stube“, ist seit je her ein Ort der Unterhaltung, nur ist diese Unterhaltung in den vergangenen Jahrzehnten immer energie-aufwändiger geworden: gab es in den 1950er Jahren hier für die meisten Familien nur ein Radio, so kamen in den 1960er Jahren Fernseher und Plattenspieler hinzu; in den 1970ern folgte die Stereoanlage und der Diaprojektor, in den 1980ern die Audio-CD und das VHS-System, welches sich gegen das technisch anspruchsvollere „Video 2000“ durchsetzte. In den 1990er Jahren eroberte die DVD die Wohnzimmer; nach 2000 folgten die Digitalkameras und die DVD-Festplatten-Recorder.

Jedes neue Technik-System versuchte und versucht, die alten Technik-Systeme zu verdrängen und zu entwerten. Das bedeutet in vielen Fällen auch, dass es für manche Geräte nach einiger Zeit keine Ersatzteile mehr gibt und dass für sie keine Produkte mehr hergestellt werden: wo findet man heute noch Schallplatten, welche neuen Kinofilme gibt es noch auf VHS-Kassetten? Dazu kommt, dass manche neuen – und teuren! – Techniken sich am Markt nicht durchsetzen und sich als technische Sackgassen erweisen: das o.a. „Video 2000“, die Laserdisc in den 1990ern oder das 2008 gegen das aufkommende Blue-Ray-Format unterlegenen HD-DVD.

Wenn Sie also neue Geräte anschaffen wollen, dann sollten Sie nicht nur auf den Energieverbrauch achten, sondern auch auf die Zukunftsfähigkeit dieser Geräte. Wer immer die neueste, „angesagteste“ Technik haben will, läuft Gefahr, sein gutes Geld in eine technische „Sackgasse“ zu investieren. Daher kann es für Sie sinnvoller sein, erst einmal auf eine nicht notwendige Investition in die Unterhaltungselektronik zu verzichten und die weitere technische Entwicklung abzuwarten.

Zum Beispiel beim Radio: dort soll das herkömmliche analoge Radio nach dem Willen der EU-Kommission möglichst bald durch das „moderne“ Digital-Radio (Digital Audio Broadcasting, kurz: DAB) ersetzt werden. Da bisher kaum Hörer freiwillig auf dieses Format umgestiegen sind, kann es dazu kommen, dass in ein paar Jahren zwangsweise umgestellt wird und die Rundfunkprogramme dann nur noch in DAB ausgestrahlt werden. Da man mit einem normalen Radio kein DAB empfangen kann, hätte Ihr Radio nur noch Schrottwert – wie ca. 300 Millionen andere Radios auch. Zudem ist es kaum sinnvoll, sich jetzt ein Digital-Radio zu kaufen: derzeit gibt es nur wenige Programme in DAB und es ist eine Abänderung des Formats (DAB+) im Gespräch, das wohl mit den heutigen Digital-Radios nicht ohne weiteres empfangen werden kann.

Ein weiteres Beispiel ist der Fernseher: in den letzten Jahren wurden im deutschsprachigen Raum die Sender auf Digitalfernsehen (Digital Video Broadcasting, kurz: DVB) umgestellt. Haushalte, die Fernsehen weiterhin über Antenne empfangen wollten (DVB-T; T steht für terrestrisch), mussten sich einen zusätzlichen Digital-Reciever (Digital-Empfänger) kaufen. Jetzt steht das hochauflösende Fernsehen HDTV (High-Definition-TV) vor der Tür; um dieses künftig in seiner ganzen Schärfe genießen zu können, müssen Sie sich auch noch einen geeigneten Fernseher kaufen.
Wenn Sie aber Geld sparen wollen und Ihr Fernseher nicht unbedingt ausgetauscht werden muss, ist es besser, mit dem Genuss des hochauflösenden Fernsehens noch ein wenig zu warten und das alte Gerät weiter zu benutzen. Wenn HDTV erst weit verbreitet ist, werden auch die entsprechenden Fernseher billiger.

Neben der Auswahl einer zukunftsfähigen Technik ist die Auswahl eines Strom sparenden Geräts bei der Unterhaltungselektronik der wichtigste Kaufaspekt. Anders als bei den Haushaltsgeräten (Herd, Kühlschrank, Waschmaschine etc.) gibt es für Fernseher & Co. noch keine EU-Energie-Kennzeichnung. Sie müssen also selbst auf die Produktinformation des Geräts schauen oder den Verkäufer danach fragen. Lassen Sie sich dabei nicht mit allgemeinen Aussagen („Ach, der verbraucht nicht viel.“) abspeisen, sondern bitten Sie den Verkäufer, ihnen die präzise Watt-Zahl zu nennen oder besser noch in den Prospektunterlagen zu zeigen. Wenn allerdings ein Hersteller/Händler keine deutlichen Angaben zum Verbrauch („Leistungsaufnahme“) macht – Finger weg von dem Gerät.

Beginnen wir unseren Gang durchs Wohnzimmer beim größten Gerät der gewöhnlichen Unterhaltungselektronik, dem Fernseher. Hier gelten, unabhängig von den Besonderheiten der einzelnen Markenprodukte, ein paar allgemeine Regeln:
Je größer der Fernseher, desto größer der Energieverbrauch. Ein technisch gleichartiges Gerät mit einer Bildschirm-Diagonalen von 120 cm kann im Betrieb locker das Doppelte verbrauchen wie ein Gerät mit einer 80-cm-Bildschirm-Diagonalen. Ein Fernseher kommt so durchaus auf 10 Prozent des gesamten jährlichen Strombedarfs eines Hauses.
Je umfangreicher die Fernseher-Ausstattung, desto größer ist der Energieverbrauch. Wer sich zum Fernseher große Soundsysteme leistet, wird ab der nächsten Stromrechnung verstärkt zur Kasse gebeten.

Als Käufer haben Sie heute die Wahl zwischen herkömmlichen Röhren-Fernsehern und den flacheren LCD- und Plasma-Geräten. Dabei ist zu beachten, dass Plasma-Fernseher einen höheren Verbrauch haben, der durchaus das anderthalbfache eines vergleichbaren Röhren- oder LCD-Fernsehers ausmachen kann; ein Röhren-Fernseher verbraucht meist mehr als ein gleich großer LCD-Typ. Wenngleich viele Hersteller bestrebt sind, den Verbrauch ihrer Geräte zu senken, so dürfte sich an den Unterschieden tendenziell wenig ändern. Vergleichen Sie also – möglichst schon bevor Sie in den Laden gehen die Angaben in den entsprechenden Test-Zeitschriften und im Internet [Lit].

Empfangen können Sie Fernsehen über Antenne, Satellit, Kabelanschluss und Telefonkabel. Über deren allgemeine Vor- und Nachteile haben wir bereits gesprochen. Hier darf aber nicht unerwähnt bleiben, dass dabei weitere Strom- und Nutzungskosten auf Sie zukommen: für das digitale Antennen-Fernsehen brauchen die meisten analogen Geräte noch einen Extra-Decoder, für das Satelliten-TV einen Empfänger, für die Telefonkabellösung einen Homeserver und für die zunehmenden digitalen Programme im Kabelanschluss ebenfalls einen Decoder, der Ihnen – bei entsprechend hohen Kabelgebühren – zwar gestellt wird, aber dennoch Ihren Strom verbraucht.

Denn Strom verbrauchen auch alle diese Anschlussgeräte und Sie werden die Verbrauchs-Werte meist erst auf Nachfrage von den Verkäufern erhalten. Generell gilt auch hier: je umfangreicher die technische Ausstattung ist, desto höher dürfte in der Regel der Stromverbrauch sein. Wer sich z.B. einen Satellitenempfänger mit eingebauter Festplatte für zeitversetztes Aufnehmen und Ansehen kauft, wird mehr Strom verbrauchen als bei einem einfachen Gerät – sowohl im Betrieb, als auch im Stand-by.

DVD-Recorder haben mittlerweile die VHS-Recorder weitgehend abgelöst, stehen aber selbst schon wieder vor der Ablösung durch das Blue-Ray-Format. Den Energieverbrauch haben allerdings einige Hersteller immer noch nicht im Griff: während einige DVD-Recorder sich beim Betrieb mit 20 Watt Leistungsaufnahme und im Stand-by-Modus mit ca. 1,5 Watt begnügen, ziehen andere Geräte das Anderthalbfache im Betrieb und sogar das Achtfache im Stand-by. Gerade der hohe Stand-by-Verbrauch schlägt sich für Sie finanziell nieder, da die Geräte durchschnittlich nur eine Stunde pro Tag im Einsatz sind, aber 23 Stunden im Stand-by laufen. Deshalb: schauen Sie sich die Verbrauchswerte an. Und überlegen Sie, ob Sie sich angesichts der kommenden Blue-Ray-Technik jetzt noch einen DVD-Recorder der Luxusklasse leisten wollen.

Ähnliches gilt für die HiFi- bzw. Stereoanlage. Auch hier kann man vor dem Kauf die Frage stellen, ob so eine Anlage überhaupt notwendig ist. Wer Klassik-CDs hört oder Raritäten von Schallplatten besitzt, kommt meist um eine Stereoanlage kaum herum (es sei denn, er überspielt seine Musikstücke auf den Computer). Wer allerdings eher die aktuelle Musik liebt, ist vielleicht mit einem MP3-Player besser bedient: er kann die Stücke für eine geringe Gebühr aus dem Internet herunter laden und sie dann auch außerhalb des Wohnzimmers bequem anhören.

Mit den CDs und DVDs haben entsprechende Reinigungsautomaten Einzug in manche Wohnzimmer gehalten. Die elektrischen Maschinchen polieren mittels einer Paste Kratzer aus und Fettfinger von den Silberscheiben. Ihre mechanischen Alternativen benötigen zwar auch eine Reinigungspaste, sparen aber den Strom.

Wenn Sie sich einen Beamer anschaffen wollen, suchen Sie gezielt nach LED-Beamern. Die LED-Lampen halten länger und verbrauchen erheblich weniger Energie; dadurch, dass die Lampen nicht heiß werden, benötigen die Geräte keinen Lüfter und auch das spart Strom. Zwar erreichen die LED-Beamern noch nicht die Leuchtleistung herkömmlicher Beamer in großen Veranstaltungs-Sälen, aber für ein abgedunkeltes Wohnzimmer reichen sie allemal.

Ein stetes Ärgernis sind die vielen Fernbedienungen, deren Batterien natürlich immer dann versagen, wenn man sie dringend braucht. Die einfachste und beste Energiespar-Lösung wäre, diese Fernbedienungen mit der gleichen Technik auszustatten wie die „Schüttellampen“: beim Schütteln bewegt sich ein starker Magneten im Gehäuse lautlos hin und her und erzeugt dabei einen Elektronenfluss in einer Kupferspule. Zwar gibt es solche Fernbedienungen noch nicht, aber ihre Entwicklung dürfte nur eine Frage der Zeit sein. In den USA brachte ca. 2005 die Firma

„PoGo Products“ mit „EZPower Universal“ eine Fernbedienung zum Aufziehen auf den Markt [Lit].

Digital-Fotokamera und Camcorder gehören zu den elektrischen Geräten, deren Aufnahme-Ergebnisse zwar im Wohnzimmer präsentiert, die aber auch häufig außer Haus eingesetzt werden. Für solche Einsätze, insbesondere in der freien Natur, eignen sich tragbare Solar-Ladegeräte in Form von aufklappbaren Solar-Panelen oder tragbaren Solar-Westen. Generell sollte man gerade bei diesen Geräten, die oft längere Zeit unbenutzt herum liegen, darauf achten, dass man nur hochwertige Akkus verwendet, die sich nicht so schnell entladen.

Wirklich überflüssige Stromdiebe in Ihrer „Guten Stube“ sind Luftbefeuchter, Raumaroma-Spender für die Steckdose, Deko-Lampen („Lava-Lampen“) Elektrokamine und die modischen digitalen Bilderrahmen bzw. Leuchtbilder:
Die Luft ist in Räumen in denen sich Menschen aufhalten, meist feucht genug, insbesondere, wenn die Räume richtig gelüftet werden oder das Haus eine Lüftungsanlage hat.
Bevor Sie sich einen Elektrokamin zulegen, sollten Sie über einen richtigen Kamin nachdenken: der verbraucht nämlich keinen Strom, sondern erzeugt mit – z.T. kostenlos erhältlichem – Holz wertvolle Wärme. Auch die modischen Deko- bzw. Ethanol-Kamine sind keine Alternative, da sie statt des Stroms eines Elektrokamins Ethanol (Alkohol) verbrauchen, der auch extra gekauft und bezahlt werden muss. Zudem besteht bei unsachgemäßer Handhabung die Gefahr einer Verpuffung und lebensgefährlicher Verbrennungen.
Und statt mit den digitalen Bilderrahmen Strom zu verschwenden, sollten Sie sich von Ihren Fotos schöne Abzüge für Wechselrahmen machen lassen.

Wem die gute, alte mechanische Wetterstation (Thermometer, Barometer, Hygrometer) nicht mehr ausreicht, sollte zumindest auf eine solarbetriebene Wetterstation zurück greifen. Bei nur batteriebetriebenen Anzeige-Geräten besteht die Gefahr, dass die Batterie genau dann leer ist, wenn Sie das Gerät am dringensten brauchen.

Zwei Großverbraucher stehen bei vielen Familien unerkannt im Wohnzimmer herum: das Aquarium und der Deckenfluter.
Ein Aquarium von über 200 Litern Größe kann für Filter, Heizung und Beleuchtung durchaus 2,5 Kilowattstunden (kWh) pro Tag verbrauchen. Das macht rund 900 kWh pro Jahr und damit rund ein Viertel eines sparsamen 4-Personen-Haushalts. Wegen der Lebensbedingungen der Fische lässt sich der Stromverbrauch auch im Urlaub kaum absenken.
Ähnlich ist die Bilanz eines Deckenfluters: bei einer Leistungsaufnahme von 500 Watt und einem täglichen Betrieb von durchschnittlich drei Stunden (im Winter mehr, im Sommer/in der Urlaubszeit weniger) ergeben sich hier rund 550 kWh zusätzlicher Stromverbrauch pro Jahr. Ein einziger 500-Watt-Deckenfluter verbraucht so viel wie 32 sehr lichtstarke 17-Watt-Energiesparleuchten. Hier sollte die Entscheidung eigentlich klar ein.
Übrigens: helle Wände reduzieren gerade hier den Bedarf an künstlichem Licht und damit den Stromverbrauch.

Ein weiterer Bereich des Wohnzimmers, in dem Sie zwar nicht Energie sparen, aber Ihren Geldbeutel entlasten und zugleich etwas für die Umwelt tun können, sind die Möbel. Wer hier stets auf den gerade „angesagten" Stil setzt oder qualitativ minderwertige und weniger haltbare Produkte kauft, vernichtet auf Dauer eine Menge Geld. Dazu kommt die Umweltbelastung durch den Energie- und Ressourcenverbrauch bei Produktion und Entsorgung der Möbel.
Besser ist es, zeitlose und haltbare Möbel zu kaufen. Diese mögen zwar in der Anschaffung etwas teurer sein als ausgesprochene Billigware, aber durch den längeren Lebenszyklus kann es sich dennoch lohnen. Zusätzlich können Sie bei Polstermöbeln darauf achten, dass die Struktur, beispielsweise der Rahmen eines Sessels, von der Polsterung getrennt ist (Auflagepolster). Da

auch bei guter Qualität die Polsterung schneller verschleißt als der Rahmen, können sie später die Polster austauschen/erneuern, ohne gleich den ganzen Sessel bzw. die Couch wegwerfen zu müssen. Dagegen ist ein ganz in Stoff eingeschlagener Sessel durch größere Risse im Stoff schnell ein Fall für den Sperrmüll.
Wenn Sie die Auswahl zwischen Stahl- und Holzmöbeln haben, sind die letzteren im Vorteil: Holzmöbel lassen sich im Allgemeinen besser und kostengünstiger reparieren; häufig reicht schon etwas Leim oder Spachtelmasse, während bei Stahlmöbeln ein Schweißen notwendig werden kann.

Sie sparen

Gerade wegen der vielen Geräte der Unterhaltungselektronik lässt sich im Wohnzimmer gut Energie sparen. Die meisten dieser Geräte sind zwar nur an wenigen Stunden am Tag in Betrieb, laufen aber rund um die Uhr auf Stand-by-Betrieb. Dabei verbrauchen sie zwar weniger Strom als im Unterhaltungsbetrieb, aber das eben rund um die Uhr. Hier hilft nur eins: wirklich ausschalten. Bei manchen Geräten genügt das Drücken des Aus-Knopfes nicht, um den Stromverbrauch zu beenden. Das Ziehen des Steckers oder eine ausschaltbare Steckerleiste, über die die Geräte angeschlossen werden, macht dem sinnlosen Stromverbrauch ein Ende.

Sollten Sie einen Deckenfluter haben, können Sie ihn nicht mehr benutzen oder durch eine Lampe mit Energiesparleuchten ersetzen. Es gibt inzwischen sogar Öko-Deckenfluter, die z.B. mit einer Energiesparleuchte arbeiten.
Wollen Sie auf Ihren herkömmlichen Deckenfluter nicht verzichten, so sollten Sie schauen, ob Sie statt der 500-Watt- oder 300-Watt-Lampe eine 200-Watt-Lampe einsetzen können. Das ist zwar immer noch eine große Energieverschwendung, aber auf einem etwas niedrigeren Niveau.

Auch im Wohnzimmer lässt sich gezielt Heizenergie sparen: schließen Sie abends die (Roll-)Läden, lassen Sie eventuelle Innenrollos und Lamellen-Jalousien herunter und ziehen Sie die Vorhänge vor. Das bremst das Entweichen der Wärme und wirkt besonders dann wohltuend, wenn spätabends die Zentral-Heizung automatisch auf die geringere Temperatur des Nachtbetriebs umschaltet.
Eigenheim-Besitzer können sich überlegen, ob sie nicht in der „Übergangszeit" (Frühjahr, Herbst) die Heizung ausgeschaltet lassen und ihr Wohnzimmer sowie angrenzende Räume mit dem Kamin/Ofen heizen.

Literatur:
sparsame Fernsehgeräte/Unterhaltungselektronik
http://www.ecotopten.de/produktfeld_fernsehen.php
http://www.stromeffizienz.de/?id=10817&category=30&bg=DC
http://www.energiesparende-geraete.de/
http://topprodukte.at/
http://www.energybox.ch/index.aspx
http://www.topten.ch/

Fernbedienung zum Aufziehen
http://wirelessdigest.typepad.com/shinyshiny/2005/02/windup_remote_c.html

3. Kinderzimmer

Sie bauen/renovieren

Die Elektrifizierung des Kinderzimmers ist in vollem Gange. Schon die Kleinsten werden heute systematisch zu Energieverbrauchern heran gezogen: elektrische Spieluhren, die man nicht mehr aufzieht, sondern nur noch einschaltet, sprechende Puppen mit einer Batterie als Rückgrad, elektrisch beleuchtete Bauklötze, piepende Spielkonsolen und rasselnde Fernsteuer-Autos. Wackelnde und piepsende Figuren als Beigaben von Kinderzeitschriften und Fast-Food-Restaurants bilden nicht nur den Elektroschrott von morgen, sondern verbrauchen schon heute immer wieder Batterien.

Durch dieses Spielzeug werden die Kinder zu kleinen Königen erzogen: ein Schnipp mit dem Finger, ein Druck aufs Knöpfchen – schon gehorcht das Gerät und folgt widerspruchslos den Wünschen seines kindlichen Herrschers.
Daher ist es als Eltern gar nicht so einfach, den von der Werbung hervorgerufenen Kinderwünschen zu widerstehen und nicht in Abhängigkeit zu den Batterie-Herstellern zu geraten. Auch wenn man öfter die Wünsche des Nachwuchses auf eine mechanische Alternative lenken kann, so wird das nicht immer gelingen.
Es wird aber um so besser gelingen, wenn die Eltern auch in diesem Bereich wirkliche Vorbilder sind, und sich nicht mit allem möglichen elektrischen und elektronischen Schnickschnack umgeben.
Wer hingegen selbst auf elektrische Bleistiftanspitzer und elektrische Dosenöffner zurück greift, muss sich nicht wundern, wenn auch seine Kinder elektrische Spielzeugautos haben wollen.
Sinnvoller ist es dagegen, wenn man die Kinder selbst die Akkus ihrer Spielzeuge mit kindgerechten Solar- oder Kurbel-Ladegeräten [Lit] wieder aufladen lässt. Dann bekommen schon die Kleinen einen Eindruck davon, dass Energie einen Wert hat.

Sie sparen

Auch im Kinderzimmer gibt es bisweilen einen erheblichen „stand-by-Verbrauch“: Radios, CD-Player etc. werden leise gedreht, weil Vater oder Mutter rufen – und dann vergessen, so dass sie über Tage hin unbemerkt Strom verbrauchen. Besonders manche Spielkonsolen erweisen sich schon im stand-by als wahres „Bermuda-Dreick“ für Energie [Lit].
Schauen Sie also zumindest Abends nach, ob die Geräte im Kinderzimmer ausgeschaltet sind und machen Sie Ihren Kindern klar, dass das Ausschalten für die Umwelt und den eigenen Geldbeutel wichtig ist.

Auch im Kinderzimmer sollten Energiesparleuchten zur Grundausstattung gehören. Hier sind sie aus Sicherheitsgründen auch bei selten oder nur kurzfristig benutzten Lampen sinnvoll, da die Energiesparleuchten nicht so heiß wie herkömmliche Leuchten werden und deshalb kein so hohes Brandrisiko darstellen. Kinder umwickeln ja gern mal Lampen mit Stoffen und Papier oder lassen bisweilen auch auf den Teppich gefallene Lampen liegen.
Gewöhnen Sie Ihren Kindern an, dass sie beim Verlassen des Zimmers immer die Geräte abschalten und das Licht ausmachen.
Als Ansporn kann z.B. eine monatliche „Energiesparprämie“ in Form von Süßigkeiten oder „Sparschwein-Futter“ dienen.

Literatur:

Strom selbst erzeugen für Kinder
http://www.imaginarium.de/minisites/biohabitatProductosRevolucion

Spielkonsolen
http://www.nrdc.org/media/2008/081119.asp

4. Schlafzimmer

Das Schlafzimmer scheint bezüglich Energie- und Ressourcen-Verbrauch ein unproblematischer Ort zu sein: hier schläft man ja nur in aller Stille. Aber stille Wasser sind bekanntlich tief...

Sie bauen/renovieren

Das Schlafzimmer sollte zu den kühleren Orten des Hauses/der Wohnung gehören, da die ideale Raumtemperatur für erholsamen Schlaf bei ca. 16 Grad Celsius. Eine Ausrichtung nach Osten wäre ideal (wenn dort nicht gerade eine störende Straße oder ähnliches liegt), denn dann hat dieser Raum auch an heißen Tagen bis in die Abendstunden genügend Zeit um abzukühlen. Richten Sie es nach Möglichkeit so ein, dass Ihr Schlafzimmer keine großen Fensterflächen hat. Das spart Ihnen den Einsatz einer Klima-Anlage und so eine Menge an Strom.

Wenn Sie sich neu einrichten, vermeiden Sie in jedem Fall den Kauf eines Wasserbettes. Das relativ große Wasservolumen des Bettes muss immer wieder beheizt werden, und die entsprechenden Elektroheizungen verbrauchen durchaus 200-300 Watt. Diesen Stromverbrauch und die damit verbundenen dauerhaften Kosten sollten Sie sich sparen.
Auch die Luftbetten mit integrierter, elektrisch betriebener Luftpumpe verbrauchen Ihren Strom; wenn Sie also auf ein (zusätzliches) Luftbett nicht verzichten wollen, greifen Sie selbst zur mechanischen Luftpumpe und trainieren Sie Ihre Muskeln.
Weniger problematisch sind die elektrisch verstellbaren Betten, die meist im medizinischen Bereich und dort aus notwendigen Gründen verwendet werden; hier nimmt der Elektromotor nur selten erforderliche Lage-Korrekturen vor.

Sehr in Mode gekommen sind in den letzten Jahren Deckenventilatoren. Dabei Pate gestanden haben zweifellos Kinofilme, in denen sich ein Paar in einem abgedunkelten mexikanischen Hotelzimmer auf dem Bett unter einem sich drehenden Ventilator räckelt. Doch was für die (Sub-)Tropen sinnvoll sein mag, ist in nördlichern Breiten meist überflüssig: ein Ventilator verbraucht ca. 60 Watt und mehr – also mindestens so viel wie eine dieser alten Glühbirnen, die wir heute gar nicht mehr im Hause haben wollen.

Den Gegenpart zum kühlenden Ventilator spielt der elektrische Bettwärmer oder die Heizdecke. Wie bei allen elektrischen Heizungen gilt auch hier: verzichten Sie darauf.

Ein kleiner, meist leiser Energie-Dieb ist der (Radio-)Wecker. Er verbraucht rund um die Uhr Strom, wird aber nur selten laut. Trennen Sie sich bei nächster Gelegenheit von ihm. Ersetzen Sie ihn, wenn Ihnen ein einfacher mechanischer Wecker nicht genug ist, durch einen Solarwecker [Lit] und ein Solarradio. Beide haben den ganzen Tag Zeit, sich aufzuladen, um dann am nächsten Morgen mit Ihrer Energie meist nur für wenige Minuten tätig zu werden. Zudem funktioniert ein Solarradio gerade auch dann, wenn z.B. in Krisenzeiten der Strom ausgefallen ist – die in Kathastrophenfällen eingesetzte ShelterBoxes sind damit ausgestattet [Lit].

Dass Energiesparlampen/LEDs auch zur Ausstattung eines Schlafzimmers gehören, braucht eigentlich nicht extra erwähnt zu werden.

Sie sparen

Manche von uns schlafen gern bei frischer Luft und öffnen daher vor dem Zu-Bett-Gehen das Schlafzimmerfenster. Dabei sollte man einige Dinge beachten:
Erstens sollte die Heizung dabei abgestellt sein, denn sonst heizen Sie wohlige Wärme und gutes Geld sinnlos zum Fenster hinaus.
Zweitens sollten Sie die Tür(en) zum Schlafzimmer schließen, denn sonst strömt die wohlige Wärme aus anderen Räumen in Ihr Schlafzimmer und von dort zum Fenster hinaus.

Drittens sollten Sie als Frischluft-Schläfer Ihr Schlafzimmer nur dann lüften, wenn Sie sich auch im Raum befinden (dies gilt natürlich nur, wenn sich das Schlafzimmer nicht über den Tag erheblich aufgeheizt hat!). Ein Dauerlüften rund um die Uhr ist dagegen nicht sinnvoll: der Raum kühlt aus, Feuchtigkeit schlägt sich in den kalten Ecken und hinter den Schränken nieder, Schimmel entsteht – dann haben Sie eine richtig ungesunde Luft!

Für Menschen, die dagegen bei geschlossenem Fenster schlafen, gilt das bereits oben Gesagte: morgens bei abgeschalteter Heizung ca. 5-10 Minuten lüften, möglichst diagonal, also unter Einbeziehung aller Zimmer einer Etage.

Im Sommer können Sie tagsüber durch abgedunkelte Fenster und geschlossene Türen dafür sorgen, dass es im Schlafzimmer nicht zu warm wird. Dann kommen Sie erst gar nicht auf den Gedanken, sich eine Klima-Anlage oder einen Ventilator zu wünschen.

Sollten Sie sich nicht von Ihrem elektrischen Wecker verabschieden mögen, stellen Sie ihn wenigstens bei Abwesenheit/im Urlaub aus.

Literatur:

http://www.quantys.de/solarprodukte/solar_funkwecker/index.html
http://www.tfa-dostmann.de/produkte/frameseiten/wecker/wecker.htm (nach „Solar" suchen)
http://paragon.to/produkte/details.php?cat=1&id=2&lang=DE (z.B. Atlanta 1466, 1467 oder 1468)

Solarradio/ShelterBox
http://de.wikipedia.org/wiki/ShelterBox

5. Büro/Home-Office

Noch bis in die 1960er Jahre war der Energie- und Ressourcenverbrauch in den Büros relativ gering: Licht, Papier, Farbbänder für die Schreibmaschinen, Tinte für die Füller und ein paar Bleistifte – damit war es in den meisten Fällen getan.
Die folgende Elektrifizierung und Computerisierung des Büros war verbunden mit der Hoffnung, künftig zumindest bei den Ressourcen sparen zu können („papierloses Büro"). Doch heute verbrauchen wir nicht nur mehr Ressourcen, sondern auch erheblich mehr Energie. Das Internet, ohne das kaum noch ein Büro auskommt, verbraucht heute so viel Energie wie der weltweite Flugverkehr. Eine Suchanfrage bei einer Suchmaschine kostet soviel Energie, wie eine 11-Watt-Lampe pro Stunde verbraucht. Um einen einzigen sparsamen (!) Supercomputer nur 20 Minuten anzutreiben, brauchte es nach einer Pressemeldung vom 20.12.2007 die Kraft von 10 Studenten des „Massachusetts Institute of Technology"/USA. Ein sparsamer Laptop lässt sich immerhin von einem Studenten per Fahrradantrieb dauerhaft nutzen.
In manchen Privat-Haushalten ist der Computer inzwischen der größte Stromverbraucher aller elektrischen Geräte.

Sie bauen/renovieren

Ein Büro sollte über gutes Tageslicht verfügen, denn gutes Tageslicht erspart den Einsatz von elektrischem Licht. Der Raum sollte sich aber schon mit Rücksicht auf die dort eingesetzte Elektronik selbst im Sommer nicht zu sehr durch die Sonneneinstrahlung aufheizen. Fensterläden und/oder Jalousien können zu starkes Sonnenlicht abschirmen und zugleich im Winter nach Einbruch der Dunkelheit die Wärme besser im Raum halten.
Auch helle Möbel können zur guten Lichtsituation einen Beitrag leisten, zumal dunkle Tischplatten wegen des Kontrastes zum weißen Papier die Augen schneller ermüden.
Innerhalb des Raumes sollten elektrische Geräte, besonders wenn Sie mit Lüftern zur Kühlung ausgestattet sind, nicht zu dicht an

der Heizung stehen. Sonst muss der Kühl-Ventilator doppelte Arbeit (gegen die Geräte- und die Heizungs-Hitze) leisten.

Kommen wir zur technischen Ausstattung.
Denken Sie bei der technischen Ausstattung immer daran, dass kaum etwas so schnell „altert“ und an Wert verliert wie die Büroausstattung. Ein toller Computer ist schon nach zwei Jahren technisch überholt; er funktioniert vielleicht noch gut weitere 10 Jahre, aber nach zwei Jahren gilt er technisch nur noch als Mittelmaß und ist daher viel weniger wert. Wenn Sie also nicht aus Prestige-Gründen darauf angewiesen sind, das neueste und schickste Modell zu haben, kaufen Sie Ihre ganze Bürotechnik gezielt nach Ihren Arbeitsbedürfnissen und nicht nach dem „neuesten Schrei“ der Technikmode. Schon damit können Sie viel Geld sparen.
Kern fast aller heutigen Büros (neudeutsch: Home-Office) ist ein Computer/PC.
Die erste Grundsatzfrage lautet: Desktop oder Laptop? Wer seinen Computer nicht nur einmal pro Woche für eine Stunde einschaltet oder nicht immer die neuesten Technikkomponenten (z.B. Grafikkarte) einbauen muss, sollte einen tragbaren PC, also einen Laptop ins Auge fassen. Der Grund: ein Laptop/Notebook verbraucht zumeist weniger Strom als die größeren, fest stehenden Geräte (Desktop). Die Anschaffungspreise für Laptops sind zwar in der Regel etwas höher als bei Desktops, aber neben der Strom-Ersparnis brauchen Laptops weniger Platz und können auch mal außerhalb des Büros genutzt werden. Zudem: mit einem Laptop kann man auch bei einem Stromausfall weiter arbeiten. Um die begrenzte Laufzeit der Akkus zu verlängern, gibt es für die Nutzung im Freien mittlerweile Solar-Panele, die teilweise auch in die Laptop-Taschen integriert sind.
Wer allerdings dann im Internet surfen will, braucht ein WLAN-Hotspot (drahtlose Funkverbindung) oder in den eigenen vier Wänden einen Anschluss über Stromleitung/Steckdose.

Trotz der einem überall ins Auge springenden PC-"Schnäppchen" sollte vor jedem Computer-Kauf die Frage stehen: Was für einen PC brauche ich?
Man kann die Frage auch genauer stellen: „Wofür brauche ich den neuen Computer?" Diese Frage darf man allerdings nie mit einer anderen Ausgangsfrage verwechseln: „Wofür könnte ich zukünftig vielleicht mal den Computer gebrauchen?" (im Sinne von: „Was könnte man mal alles mit dem Computer machen?")
Wer sich die letzte Frage stellt, ist in den meisten Fällen schnell beim Neuesten und Aufwändigsten der PC-Technik angelangt. Und damit auch bei den teuersten Modellen, zumal in dieser Branche die Geräte schnell an Wert verlieren, weil ca. alle zwei Jahre eine neue Generation auf den Markt kommt.
Zudem verbraucht die Hochleistungstechnik jede Menge Strom – auch hier gibt es keine Leistung für „umsonst": ein Prozessor verbraucht je nach Leistung ca. 40-100 Watt, eine Grafikkarte ca. 30-100 Watt, die (Speicher-)Laufwerke ca. 40-50 Watt; dagegen sind Arbeitsspeicher (bis ca. 25 Watt), Hauptplatine (ca. 20 Watt) und Soundkarte (ca. 5 Watt) eher Kleinverbraucher. Die Netzteile der PCs sind im Allgemeinen auf 300 Watt ausgelegt, aber diese Leistung wird im Betrieb praktisch nie erreicht. Generell gilt: PCs mit zwei Prozessorkernen verbrauchen mehr als solche mit einem; PCs mit vier Prozessorkernen („Quadcore") verbrauchen mehr solche mit zwei Prozessorkernen.
Dabei ließen sich PCs mit einer Leistungsaufnahme von nur 60 Watt – inklusive 19-Zoll-Monitor (!) – sogar durch Solarenergie betreiben, wie Techniker gezeigt haben. [Lit]

Wenn Sie also einen für Ihre Bedürfnisse überdimensionierten PC kaufen, zahlen Sie nicht nur einen höheren Kaufpreis, sie buchen für die Nutzungsdauer des PCs quasi auch ein Abo für höhere Stromkosten. Und die können bei gleicher Nutzungsdauer gut das Doppelte der Kosten ausmachen, die eigentlich für die Erfüllung Ihrer Nutzungswünsche ausreichen würden. Überdenken Sie nicht nur beim PC, sondern bei allen Anschaffungen von

Büro-Elektronik immer auch die künftigen Folgekosten wie z.B. den Stromverbrauch – das Internet hilft Ihnen dabei [Lit].

Wofür also brauchen Sie Ihren PC?

Als „Schreibmaschine“ + Surfen im Internet + Ansehen/Speichern Ihrer wenigen Digitalfotos?
Dann reicht meist ein einfacher PC oder ein tragbares, kleines „Netbook“ mit einer Prozessorgeschwindigkeit < 1 Gigabyte, einer einfachen Grafikkarte, einem mittlerem Arbeitsspeicher und einer nicht zu großen Festplatte (<100 Gigabyte). Einige PC dieser unteren Leistungskategorie kommen z.B. ohne Lüfter aus, was natürlich den Stromverbrauch senkt und die Geräte zugleich zu angenehm leisen „Flüster-PCs“ macht.

Als „Surf- und Schreibmaschine“, für einfache Spiele sowie zum Ansehen und Bearbeiten von Videos?
Hier reicht ein mittlerer PC, der aber („keine Leistung ohne Leistung“) mehr Energie verbrauchen wird als eine einfache Ausstattung. Eine hochwertige Grafikkarte ist nur für die Bearbeitung nötig, aber eine große Festplatte ist unerlässlich, weil Filme viel Speicherplatz brauchen.

Unter anderem auch als „Gamer“ für schnelle, realitätsnahe Aktion-Spiele?
Dann brauchen Sie einen „High-End-PC“ mit sehr schnellem Prozessor (z.B. vier Prozessorkerne) und einer Hochleistungs-Grafikkarte. Ein solcher PC kostet nicht nur in der Anschaffung, sondern auch im Verbrauch überdurchschnittlich viel.

Wenn Sie sich für ein Bedarfsszenario entschieden haben, sehen Sie sich die hierfür in Frage kommenden Angebote an und fragen Sie den Verkäufer nach der Leistungsaufnahme der verbauten Komponenten. Bleiben Sie hartnäckig und lassen Sie sich nicht mit allgemeinen Aussagen abspeisen.

Jenseits des Energieverbrauchs stellt sich hier noch die Frage nach dem Betriebssystem. Geräte der Firma „Apple“ werden gewöhnlich mit Betriebssystem („Mac OS ...“) ausgeliefert. Bei den meisten anderen PCs ist das Betriebssystem der Firma „Microsoft“ („Windows“/„Vista“) installiert; allerdings kann man diese PCs auch ohne Betriebssystem kaufen bzw. sich zusammen bauen (lassen). Wer nicht gerade aus Gründen der beruflichen Zusammenarbeit oder aus Interesse an Action-Spielen (meist für „Windows“) gezwungen ist, eines dieser Betriebssysteme zu verwenden, kann auf das freie und im Internet kostenlos erhältliche Betriebssystem „Linux“ [Lit] umsteigen. Besonders sinnvoll ist das, wenn Sie einen ausgemusterten PC erhalten/erwerben, den Sie für eigene Zwecke nutzen wollen.
Während z.B. bei den anderen Betriebssystemen jede Umstellung auf eine neue, modernere Version mit einigen Kosten verbunden ist, wird Linux weiterhin kostenlos bleiben. Zu bezahlen sind nur die Programmzusammenstellungen („Distributionen“) auf CD bzw. DVD. Mit dabei sind immer eine Vielzahl von freien, kostenlosen Anwendungsprogrammen [Lit]. Viele dieser Programme, die z.T. besser sind als die nur für teures Geld zu kaufenden, gibt es auf den entsprechenden Websites auch in Mac- oder Windows-Versionen.

Eine neue Mode ist das „Cloud-Computing“. Hinter diesem wolkigen Begriff verbirgt sich die Idee, Anwendungs-Software und Daten nicht mehr auf dem heimischen PC zu haben, sondern auf einem Internet-Server, auf dem der Nutzer dann mit Hilfe seines PCs und eines Browsers arbeitet. So interessant dies vielleicht für große Firmen seien mag (man muss nicht unzählige PC-Arbeitsplätze stets mit neuer Software versorgen etc.), so lassen sich für den Home-Office-Betreiber meist keine sinnvollen Vorteile erzielen: günstiger als der Einsatz von kostenloser Software (z.B. „Open-Office“) kann auch „Cloud-Computing“ nicht sein. Zudem besteht bei der Software auf dem heimischen PC nicht die Gefahr, dass man nicht weiter arbeiten kann, bloß weil mal die Datenleitung ausfällt oder das Internet überlastet ist.

Zu jedem Computer gehört ein Bildschirm. Wenn der nicht gerade wie bei einem Laptop zwangsläufig mit dabei ist, sollten Sie sich einen modernen Flachbildschirm (TFT/LCD-Display) und keinen Röhrenmonitor zulegen. Flachbildschirme sparen nicht nur Platz auf dem Schreibtisch, sondern auch noch Strom, weil sie bis zu 75 Prozent weniger verbrauchen als herkömmliche Röhrenmonitore. Zudem haben Röhrenmonitore den Nachteil, dass die Schärfe des Bildes und bisweilen auch die Geradlinigkeit von Linien zu den Ecken hin nachlässt – vielleicht ein Problem bei der Darstellung von Fotos oder technischen Zeichnungen. Doch bei aller Begeisterung für den Flachbildschirm gilt auch hier die Regel: je größer der Bildschirm, desto größer meist der Verbrauch. Also: vergleichen Sie auch hier die einzelnen Bildschirme.
Künftig könnten OLED- und SED-Bildschirme sowohl die Anschaffung als auch den Betrieb der Geräte nochmals verbilligen. [OLED steht für „organic light emitting diode“/Organische Leuchtdiode; SED meint „surface-conduction electron emitter display“]

Zu den PCs gibt es eine Menge zusätzlicher Geräte, um Daten aus dem Computer auszugeben oder in ihn einzulesen.

Scanner:
Scanner sind Eingabegeräte, die Vorlagen ablichten und für den PC digitalisieren. Wenn es Ihnen nur darum geht, Schriftstücke als Dokumente in Ihren PC einzulesen, dann reicht meist ein einfacher Scanner. Sollen die Texte aber anschließend im PC weiter bearbeitet/korrigiert etc. werden, dann brauchen Sie eine Texterkennungs-/OCR-Software. In den meisten (Büroalltags-)Fällen können Sie sich einen Aufsatz für das Scannen von Dias sparen – es sei denn, Sie arbeiten mit Dias.
Wichtiger als der Stromverbrauch – die Geräte sollten eh' nur angeschaltet werden, wenn man sie aktuell benötigt – ist die Frage,

ob Sie überhaupt einen Scanner für die Abläufe in Ihrem Büro brauchen oder sich die Anschaffungskosten sparen können.

Drucker:
Auch hier steht zu Anfang die Frage: was wollen Sie damit machen?
Brauchen Sie ihn für das Ausdrucken großer Textmengen, dann sind Sie wahrscheinlich mit einem Schwarz-Weiß-Laserdrucker am besten bedient.
Für das Ausdrucken von farbigen Zeichnungen oder Fotos von einer Digitalkamera reicht ein Tintenstrahldrucker in der Preiskategorie unter 100 Euro.
Wer, besonders im Bereich Werbung und Fotographie, eine große Anzahl qualitativ hochwertiger Farbbilder herstellen muss, kommt um einen Farb-Laserdrucker nicht umhin. Dieser ist nicht nur in der Anschaffung teurer, sondern verbraucht meist auch mehr Strom als sein schwarz-weißer Kollege.
Einige, zumeist teurere Drucker können auch beidseitig drucken („Duplexdruck"). Die zusätzlichen Anschaffungskosten lohnen sich nur, wenn man relativ viele mehrseitige Schriftstücke ausdrucken muss. Dann kann man hiermit Papier sparen. Wer jedoch meist einseitige Anschreiben, kurze Emails oder Memos, Adressaufkleber, Etiketten etc. ausdruckt, kann sich diese Technik sparen.
Bei Druckern sind nicht nur die Anschaffungskosten und der Stromverbrauch zu berücksichtigen, sondern auch die Kosten für die Ersatzpatronen (Druckerfarbe). Schauen Sie also vor einem Kauf, ob es für den von Ihnen ausgewählten Drucker günstige Ersatzpatronen von anderen Herstellern oder gar Nachfüllsets gibt. Denn bisweilen kann man den Eindruck gewinnen, als seien einige Drucker nur deshalb so billig, damit der Druckerhersteller anschließend seine besonders teure Ersatzpatronen verkaufen kann.
Bei einigen Druckern können Sie die Farbtanks unabhängig von einander auswechseln; das kann Ihnen dann beim Sparen helfen,

wenn Sie eine Farbe besonders häufig nutzen, z.B. weil sie zur Corporate Identity Ihres Unternehmens gehört.

Kopierer:
Die Anschaffung eines Kopierers lohnt sich nur, wenn es zahl- und umfangreiche, nicht digitalisierte Dokumente zu kopieren gilt. Denn wenige, noch nicht digitalisierte Vorlageseiten lassen sich auch mit einem Scanner als Bild digitalisieren und anschließend per Drucker vervielfältigen.

Faxgeräte:
Faxgeräte stammen noch aus der Zeit vor der Internet-Nutzung und waren damals ein großer Fortschritt, um Dokumente schnell zu versenden. Es gibt sie heute als reine Faxgeräte, als Telefon-Fax-Kombigeräte und als Multifunktionsgeräte (s.u.).
Nachteil des Fax ist, dass man Dokumente meist nur in schwarzweiß und im DIN-A4-Format oder kleiner versenden kann. In jedem Fall sollte man darauf achten, dass man sich ein Normalpapier-Fax und kein Thermopapier-Fax (Folienrollen) zulegt, da das Thermopapier teurer ist und schneller verblasst.
Faxe lassen sich mit einem entsprechenden Programm auch aus dem Computer versenden oder empfangen. Allerdings muss dazu der Computer eingeschaltet sein. Wird er als Fax-Empfangsgerät verwendet, muss er sogar rund um die Uhr laufen (weil man ja nicht weiß, wann ein Fax kommt), und das kostet Strom.
Eine Lösung hierfür ist, sich einen Internetprovider zu suchen, der auch ein elektronisches Fax-“Postfach“ mit anbietet. Auf die dort angegebene Fax-Nr. kann man auch seine eigene Fax-Leitung per Rufumleitung legen, so dass man seine Fax-Nr. auf den Visitenkarten etc. nicht ändern muss. Die Faxe können dann anschließend von Ihnen als Email mit PDF-Datei-Anhang abgerufen und auf Ihrem heimischen PC gespeichert werden.
Eine weitere Lösung ist ein Modem mit einem Fax-Speicher, dass einkommende Faxe aufnimmt und erst dann an Ihren PC weiterleitet, wenn der eingeschaltet ist. Da die heutigen DSL-Modems sowieso rund um die Uhr eingeschaltet sind, entsteht

für den Faxempfang kein nennenswerter zusätzlicher Stromverbrauch.

Multifunktionsgeräte:
Sie vereinen meist Scanner, Drucker, Kopierer und Fax in einem Gerät. Vorteil sind die geringeren Anschaffungskosten, der kleinere Platzbedarf und die geringeren Stand-by-Verluste als bei der Summe der Einzelkomponenten. Die Nachteile werden deutlich, wenn zeitgleich mehrere Arbeitsschritte ausgeführt werden sollen (z.B. das Scannen umfangreichen Materials und das Abschicken von Faxen) oder das Gerät wegen des Ausfalls nur einer der Komponenten zur Reparatur muss und deshalb überhaupt nicht benutzt werden kann. Bevor man also ein solches Gerät kauft und damit „alles auf ein Pferd" setzt, sollte man genau überlegen und nachrechnen.

Laminiergeräte:
Diese Geräte sind, wenn man sie denn überhaupt braucht, durch keine Energie sparende Alternative zu ersetzen. Die Heißlaminierer haben eine Leistungsaufnahme von ca. 250-550 Watt. Die Kosten lassen sich hier nur durch einen günstigen Kauf des Gerätes und durch die Vermeidung von Stand-by-Zeiten senken.

Aktenvernichter:
Im Zuge eines verstärkten Datenschutzes finden Aktenvernichter in den Büros immer mehr Verbreitung. Zunehmend beliebt sind Geräte, die nicht nur Papier sondern auch DVDs/CD-ROMs schreddern können. Wenn Sie nicht gerade Arzt, Rechtsanwalt, Steuerberater etc. sind und größere Mengen vertraulicher Unterlagen vernichten müssen, dann fragen Sie sich, ob Sie ein solches Gerät wirklich brauchen. Meist reicht es, vor dem Wegwerfen die Papiere zu zerreißen oder die Schreibfläche der CD-ROM mit einem Brieföffner zu zerkratzen und die CD anschließend zu zerbrechen. Zumindest in Deutschland wird der Hausmüll grundsätzlich verbrannt, so dass vom Inhalt Ihrer Mülltonne nichts übrig bleibt. Sollten Sie sich dennoch für einen Aktenvernichter

entscheiden, wählen Sie ein mechanisches Modell mit Kurbelantrieb – das ist sowohl in der Anschaffung als auch im Betrieb günstig.

Elektronische Briefwaage, Elektro-Brieföffner, Elektrohefter und Elektrolocher:
Wer sich solche Geräte kauft, ist selbst schuld. Seit Jahrzehnten gibt es bewährte mechanische Alternativen, die in der Anschaffung meist billiger sind und zudem keine Energie verbrauchen. Es gibt, von Menschen mit Behinderungen einmal abgesehen, kaum einen vernünftigen Grund, hier ein elektrisches Gerät zu wählen. Selbst elektronische Solar-Briefwaagen sind überflüssig, da sie in der Anschaffung teuer sind und eine Präzision vorgaukeln, die im Büroalltag fast nie nötig ist. Schließlich wiegen auch mechanische Briefwaagen auf das Gramm genau.

Taschenrechner:
Hier gibt es seit Jahren eine Vielzahl von günstigen und gut funktionierenden Solar-Taschenrechnern, so dass Sie getrost auf Exemplare mit Batterien oder einem Netzanschluss verzichten können. Letztere sollten eigentlich nur in Frage kommen, wenn Sie z.B. für die Buchführung die Rechenergebnisse auf Papierstreifen ausdrucken müssen.

Diktiergeräte und Handys:
Die beiden ortsunabhängigen Helferlein sind auf ihre Akkus angewiesen. Wer dennoch Strom sparen möchte, hat die Wahl zwischen einem Solar-Ladegerät, das einen sonnigen „Ehrenplatz“ auf Fensterbank bekommen sollte, und einem Ladegerät mit Kurbel-Dynamo. Prüfen Sie allerdings vor dem Kauf aller Geräte, ob diese mit den entsprechenden Stromkabeln/Steckern zu einander passen. Inzwischen gibt es sogar Handys mit integrierten Solarzellen, wie z.B. bei Samsungs Blue Earth Handy.
Bei Handys sollten Sie zudem genau nachrechnen, ob Sie sich ein neues Gerät mit Vertragsbindung zulegen oder ob ein Prepaid-Gerät für Ihre Bedürfnisse ausreicht. Wer zudem nicht auf

den teuren Luxus angewiesen ist, immer das neueste Modell haben zu müssen, kann sich z.B. über das Internet auch ein gebrauchtes Gerät besorgen und dann bei einem Netzbetreiber eine passende Prepaid-Karte kaufen. Das kann in manchen Fällen die finanziell günstigste Alternative sein.

Telefon (mit Anrufbeantworter):
Selbst wenn man ja im Büro zumeist am Platz arbeitet, so setzen sich auch hier die schnurlosen Festnetztelefone („DECT-Telefone") immer mehr durch. Die Geräte sind das ganze Jahr rund um die Uhr im Stand-by-Betrieb und verbrauchen dabei insgesamt rund 20 Kilowattstunden (kWh). Dazu kommt der erhöhte Sende-Stromverbrauch beim Telefonieren sowie die Kosten für den Austausch alter/defekter Akkus.
Zudem sind die DECT-Telefone nicht abhörsicher. Zwar kann kein Nachbar versehentlich in die Leitung geraten, aber mit krimineller Energie und technischem Geschick ist es möglich, ein Gespräch zu belauschen.
Daher sollten Sie bei einer Neuanschaffung einem Telefon mit Schnur zumindest im Büro den Vorzug geben.
Wer keine Flatrate hat, häufig in die Telefonnetze anderer Provider oder gar ins Ausland telefonieren muss, kann mit „Voice over IP" [Lit] telefonieren, d.h. seine Telefongespräche über Internet führen. Inzwischen ist man dabei nicht einmal mehr auf einen ständig laufenden Arbeits-PC angewiesen, da es eigenständige VoIP-Telefone gibt. Diese schnurlosen Telefone sind meistens mit einen WLAN an den Homeserver angebunden.
Inzwischen funktionieren nicht nur Verbindungen von VoIP-Telefon bzw. -PC zu VoIP-Telefon, sondern über Dienstleister auch vom Festnetz oder Handy zum VoIP-Telefon bzw. umgekehrt. Vergleichen Sie auch hier die Angebote der verschiedenen Dienstleister.

Was soll man nun tun: sofort die problematischen Geräte zum Recyclinghof bringen und sich alles neu anschaffen? Generell gilt: manche Geräte wie Elektro-Brieföffner etc. kann man sofort still legen und entsorgen, weil man noch eine mechanische Alternative zur Hand hat. Andere elektrische Geräte mit geringem Energieverbrauch können ihre Nutzungszeit abdienen und durch energiesparsamere Alternativen ersetzt werden, wenn sie verschlissen/defekt sind. Bei Großgeräten wie Bildschirmen hängt die Antwort auf die o.a. Frage von Ihrem Nutzungsverhalten ab: je länger die Geräte pro Tag laufen, desto eher rechnet sich ein Umstieg. Wenn Sie z.B. täglich neun Stunden vor Ihrem nicht mehr neuen 19-Zoll-Bildröhrenmonitor sitzen, den Sie sowieso im nächsten Jahr entsorgen wollten, dann sollten Sie sich gleich einen 19-Zoll-Flachbildmonitor kaufen. Denn der Strom-Mehrverbrauch des Bildröhrenmonitors gegenüber dem Flachbildmonitor entspricht in nur rund drei Jahren schon dem Wert des Flachbildmonitors. Wenn Sie allerdings Ihren Bildschirm nur ein Mal pro Tag anschalten, um die Emails abzurufen, dann können Sie Ihr altes Exemplar ruhig noch eine Weile weiter nutzen.

Sie sparen

Wenn Sie vorwiegend am Schreibtisch oder am PC sitzen und sich kaum im Büro bewegen, brauchen Sie bei Dunkelheit keine volle Raumbeleuchtung: meist reicht eine Schreibtischlampe oder eine Beleuchtung des Manuskripthalters.

Schließen Sie Ihre Bürotechnik an eine abschaltbare Steckerleiste an und Telefon/Telefonanlage/Modem an eine andere Steckerleiste. So können Sie die Bürotechnik vollständig vom Stromnetz trennen, ohne dass auch das Telefon ausfällt und Sie nicht mehr erreichbar sind. Sollte der PC allerdings als Telefonanlage (VoIP = Voice over IP) oder als Server für das Internet etc. dienen und deshalb ständig angeschaltet bleiben müssen, dann spendieren Sie Ihrer übrigen Bürotechnik eine eigene abschaltbare Steckerleiste.

Behandeln Sie Ihren PC fast wie einen Kühlschrank: schützen sie ihn vor fremden Wärmequellen wie einem Platz am Ofen oder im grellen Sonnenlicht. Je wärmer es dem PC wird, desto weniger leistet der Prozessor, desto mehr Energie wird sinnlos verbraucht.

Schalten Sie den normalen Arbeits-PC ab, wenn Sie ihn innerhalb der nächsten halben Stunde nicht brauchen. Das gleiche gilt auch für Bildschirm, Drucker und alle anderen Geräte (kleine Lämpchen an den Geräten müssen erloschen sein), die nicht wie das Telefon stets in Bereitschaft sein müssen, sondern nur zeitweilig gebraucht werden.

Nutzen Sie die Energiespar-Einstellungen Ihres PCs oder Notebooks. Wenn Sie in der Energieverwaltung des Gerätes die Energiespar-Funktionen aufrufen, haben Sie eine Vielzahl von Möglichkeiten, den Energieverbrauch Ihres PCs zu drosseln. Besonders bei überdimensionieren PCs, die nur als „Schreibmaschine“ verwendet werden, spüren Sie die Leistungs-/Energiedrosselung in der praktischen Arbeit kaum.

Spielen Sie möglichst keine Spiele auf dem PC, die Sie auch ohne PC spielen könnten (Patience).

Deaktivieren Sie den Bildschirmschoner Ihres Monitors; der Energiesparmodus des Bildschirms ist die eindeutig sparsamere Variante. Wenn Sie aber keinesfalls auf einen Bildschirmschoner verzichten wollen, wählen Sie einen einfachen, schlichten Typ. Sich schnell bewegende, farbenfrohe Bildschirmschoner verbrauchen mehr Energie als einfache, schwarz-weiße.

PC-Lautsprecherboxen verbrauchen bis zu 8 Watt im Standby-Betrieb und sind bei vielen Büroarbeiten völlig überflüssig. Schalten oder stöpseln Sie sie also aus, zumal das Ausschalten von wenig genutzten Boxen leicht vergessen wird und diese Kisten dann über Nacht nutzlos Standby-Strom verbrauchen.

Auch beim Material lässt sich im Büro einiges sparen, so z.B. Tinte: bei Korrekturfahnen, Konzept-Entwürfen, Kopien für die

eigenen Akten etc. sollte man sowohl beim Kopierer als auch beim Drucker die Sparfunktionen nutzen. Dadurch wird weniger Tinte pro Kopie/Ausdruck verbraucht und das Schriftbild wird nur ein wenig heller/schwächer.
Bei der Tinte können Sie meist viel Geld sparen, wenn Sie nicht die original Ersatzkartuschen des Geräteherstellers verwenden, sondern sich die für Ihren Drucker gemachten Ersatzkartuschen eines Tintenherstellers einbauen. Auch Nachfüllsets, bei denen die Originalkartuschen mittels einer Spritze wieder mit Tinte befüllt werden, sind möglich; allerdings sollte die Tinte speziell zu Ihrem Drucker etc. passen.

Das Haupt-Verbrauchsmaterial in den heutigen Büros ist das Papier – alle Projekte in der Vergangenheit mit der Überschrift „Das papierlose Büro" haben sich quasi ins Nichts aufgelöst. Daher gibt es hier auch ein großes Sparpotential.
So kann man beim Ausdruck von mehrseitigen Dokumenten (Briefe, Memos, Ablage) das Papier auch ohne die o.a. Duplex-Drucker beidseitig bedrucken: zuerst die erste Seite bedrucken, dann das Blatt erneut in das Papierfach des Druckers einlegen und die noch freie Rückseite bedrucken. Bei mehrseitigen Briefen lässt sich damit auch noch Porto sparen, bei der Ablage auch Platz in den Aktenordnern und Regalen. Denken Sie daran, nur wirklich wichtige und notwendige Dokumente auszudrucken. Eine Eins-zu-Eins-Abbildung des Inhaltes Ihres PCs auf Papier wäre eine riesige Verschwendung.
Verwenden Sie wo immer möglich Recyclingpapier; das ist nicht nur zumeist günstiger als das übliche Papier, es schont zudem noch die Umwelt.

Für Skizzen, Entwürfe, Notizen etc. können Sie sowohl handschriftlich als auch im Drucker (!) bereits einseitig bedrucktes oder beschriebenes Papier verwenden. Wer einen Drucker mit zwei Papierschächten besitzt, kann den gleich den einen Schacht mit „Altpapier", den anderen mit beidseitig „weißen" Papier befüllen und je nach Bedarf hin und her schalten.

Wenn Sie nicht aus dem PC faxen, sondern den Text ausdrucken und auf das Fax legen müssen, können Sie statt des Fax auch eine Email mit angehängtem PDF verschicken und sich den Eingang vom Empfänger bestätigen lassen – auch so lässt sich Papier sparen.

Literatur:
Solar-PC
http://www.tomshardware.com/de/solar-pc-solar-pc-strom-sparen,news-239708.html

Energiesparsame Informations- und Kommunikationstechnik
http://www.office-topten.de
http://www.stromeffizienz.de/stromspar-service/buerogeraete-datenbank.html
http://www.energiesparende-geraete.de/
http://www.ecotopten.de/produktfeld_informieren.php
http://topprodukte.at/
http://www.topten.ch/
http://www.energybox.ch/index.aspx

Betriebssystem Linux
http://www.linux.org
http://www.linuxfueralle.de/umsteigen/
http://www.linux-user.de/
http://www.tuxmobil.de/
http://www.knopper.net/knoppix/

Freie Software
Bürosoftware-Packet „Open Office“
http://de.openoffice.org/
Freies Bildbearbeitungsprogramm „Gimp“
http://www.gimp.org/
Web-Browser Firefox
http://www.mozilla-europe.org/de/firefox/

RSS-Reader „RSS-Ticker“ oder „Sage“ zum Empfang von RSS-Nachrichten (Firefox-Ergänzung)
https://addons.mozilla.org/de/firefox/addon/2325
https://addons.mozilla.org/de/firefox/addon/77
E-Mail-Programm Thunderbird
http://www.mozilla-europe.org/de/products/thunderbird/
http://www.thunderbird-mail.de/
html-Editor für die Erstellung von Internet-Seiten
http://www.nvu-composer.de/
ftp-Programm Filezilla
http://www.filezilla.de/
WineHQ - Führt Windows-Anwendungsprogramme unter Linux, BSD und Mac OS X aus
http://www.winehq.org/
Weitere Open-Source-Programme
http://www.sourceforge.net
Verschiedene Open-Source-Programme herunterladen oder als DVD bestellen
http://www.opensource-dvd.de/

Dienst/Software zum Telefonieren über Internet (VoIP)
http://www.asterisk.org/
http://www.callweaver.org
http://www.freeswitch.org/
http://gizmo5.com/pc/
http://www.gizmo5.com/pc/opensky/
http://www.skype.com/intl/de/
http://www.jajah.com/

6. Küche

Sie bauen/renovieren

Jede gute Energiespar-Küche beginnt mit einer guten Küchenplanung! Denn grundlegende Planungsfehler führen zu höheren Energieverbräuchen, und die lassen sich später nur schwer durch Einspar-Maßnahmen wieder ausgleichen.

Innerhalb eines Hauses kann die Küche gut im Norden liegen, da sie durch die Nutzung selbst ein größerer „Wärmeerzeuger" (als z.B. das Schlaf- oder Kinderzimmer) ist und daher während der Benutzung meist nicht zusätzlich geheizt werden muss. Für die Küchenarbeiten sollte der Raum sich gut belüften lassen und über genügend Tageslicht verfügen, also hell sein. Kleine Fenster und dicht vor dem Fenster stehende Bäume/Äste sind hierbei nicht ideal.

Wichtig ist: trennen Sie schon bei Planung und Einrichtung der Küche räumlich die heizenden Geräte (Herd, Spülmaschine, Dampfgarer, Wasserkocher, Kaffeemaschine, aber auch Heizung) von den Kälte erzeugenden Geräten (Kühlschrank, Kühl-Gefrier-Kombination). Warum?
Kühlgeräte sind rund um die Uhr im Einsatz und können daher ein Fünftel bis ein Viertel Ihrer Stromrechnung verursachen. Wenn Sie nun einen Herd neben Ihr Kühlgerät stellen, kann sich der Stromverbrauch des Kühlgerätes nochmals um ein Viertel erhöhen! Besser also, Sie planen noch einen Geschirrschrank o.ä. zwischen Herd und Kühlschrank ein.
Achten Sie auch darauf, dass die Kühlgeräte nicht durch das Fenster von der prallen Sonne beschienen werden. Notfalls schafft eine Jalousie am Fenster Abhilfe.

Wenden wir uns nun den einzelnen technischen Geräten zu, die in den heutigen Küchen wahrlich massenhaft vorhanden sind. Auch hier gilt bei Neuanschaffungen als oberste Regel: schauen

Sie auf die Energieeffizienzklassen und konzentrieren Sie sich möglichst auf die sparsamen Geräte der Klassen A+ und A++ [Lit]. Und: je stärker die Leistung eines Küchenhelfers ist, desto höher ist zumeist auch sein Energieverbrauch – viele Küchengeräte sind schon heute „übermotorisiert“.

Zuerst zur einen Seite der Küche, dem Kühlbereich: ein Kühlschrank gehört heute zur Standardausstattung. Zumeist hat er ein Mehrsterne-Gefrierfach oder es handelt sich um eine Kühl-Gefrier-Kombination.
Wichtig ist bei der Anschaffung, dass die Größe des Gerätes zur Anzahl der Bewohner des Haushaltes passt: alle Kühlgeräte halten die Kälte am Besten, wenn sie gefüllt sind – natürlich ohne dass die Sachen darin überlange lagern und so schließlich verderben. Wer Energie sparen will, sollte also keinen zu großen Kühlschrank kaufen. Ein Gerät mit einen Rauminhalt von 250 Litern ist für einen Single-Haushalt mit höchster Wahrscheinlichkeit zu groß!
Weiterhin stellt sich die Frage, ob Sie eine Kühl-Gefrier-Kombination in Ihrer Küche brauchen, oder ob ein Kühlschrank, eventuell mit kleinem Gefrierfach, in der Küche und eine Gefriertruhe im kühlen Keller nicht die bessere Kombination sind. Am Besten, Sie rechnen die von Ihnen gewünschten Kombinationen mit den Verbrauchsangaben der Hersteller einfach mal aus. Generell ist die Gefriertruhe einem Gefrierschrank vorzuziehen, da sie bei vergleichbarer Größe und Nutzung weniger Strom verbraucht (siehe „Vorratsraum“). Das liegt nicht zuletzt daran, dass kalte Luft schwerer ist als warme und daher sich die Kaltluft bei jedem Öffnen der Gefrierschranktür quasi wie ein Wasserfall aus dem Gefrierschrank auf den Fußboden ergießt. Gleiches gilt natürlich auch für den Kühlschrank, nur hat hier noch niemand ein wirklich überzeugendes Toplader-Modell entwickelt, dem man z.B. mit Hilfe eines eingebauten „Paternosters“ die Speisen leicht entnehmen könnte. Bei starker Verbreitung in den Haushalten könnte ein solcher Toplader Millionen von Kilowattstunden sparen helfen.

Achten Sie beim Aufstellen von frei stehenden Kühlgeräten darauf, dass an der Rückseite noch ein wenig Abstand zur Wand ist, so dass dort Luft zirkulieren und der Kühlschrank seine Wärme abgeben kann. Bei Einbaugeräten in den entsprechenden Küchen sind die Abstände meist vorgegeben. Übrigens: alle Kühlgeräte sind „umgedrehte“ Wärmepumpen, d.h. sie pumpen die Wärme aus dem Kühlraum heraus statt von außen in die Hausräume hinein.

Kommen wir nun zur anderen Seite der Küche, der „heißen Zone“. Beim Herd, dem Herz jeder Küche, stehen Sie meist vor der Entscheidung: Elektroherd oder Gasherd. Wenn Sie eine Gasheizung nutzen und daher im Haus bereits über die entsprechenden Gasleitungen verfügen, ist der Gasherd vorzuziehen. Gas ist, im Gegensatz zum „künstlich“ erzeugten Strom, eine Primärenergie und damit in der Regel günstiger. Auch haben Sie die Hitze dann und nur so lange, wie Sie sie brauchen – ohne nachheizende Kochplatten.

Wenn Sie sich jedoch für einen E-Herd entscheiden, wählen Sie statt eines Typs mit gusseisernen Herd-Platten einen modernen Glaskeramik-Herd, der rund 30 Prozent weniger Energie verbraucht. Noch sparsamer sind Induktionsfeld-Herde, die allerdings spezielles Kochgeschirr benötigen.

Achten Sie bei der Anschaffung auf Energie sparende Zusatzfunktionen: so kann eine in den Backofen eingebaute, zuschaltbare Mikrowelle die Garzeit verkürzen und rund 30 Prozent Energie sparen; ein Backraumteiler reduziert den meist überdimensionierten Backraum, wenn man nur einen kleinen Teil braucht (z.B. für Plätzchen etc.) und bringt so ca. 20 Prozent Energieersparnis.

Beim Herd gibt es aber auch noch eine dritte Alternative: den guten, alten Holz-Herd in moderner Form. Inzwischen gibt es ihn sogar als holzbeheizten Herd mit Zentralheizungs-Unterstützung [Lit]. In Ferienhäusern ohne Gasanschluss oder wenn man eigenen Wald besitzt kann ein solcher Holz-Herd mit Heizungs-Anschluss die beste Alternative sein – insbesondere, wenn man ihn mit einer Solarthermie-Anlage kombiniert.

Zum Herd gehört heute zumeist auch eine elektrische Abzugshaube. Neben dem Stromverbrauch hat sie den Nachteil, dass für das meist nicht so gut isolierte Abzugsrohr ein Auslass durch die Außenmauer der Küche gebohrt werde muss. Dies ist ein zusätzliches Wärmeleck. Als Alternative zur elektrischen Abzugshaube bietet sich an, oberhalb des Herdes in der Außenwand ein schmales Oberlicht in Form eines Klappfenster vorzusehen, wobei sich die Klappe, anders als üblich, an der Unterkante des Fensters und nicht an der Oberkante öffnen sollte (quasi umgekehrter Einbau). Durch die Klappe kann der Dampf vom Herd direkt abziehen, ohne dass man einen Ventilator braucht. Zudem kann man mit dem normalen Küchenfenster bei Bedarf quer lüften. Nach dem Kochen kann man das/die Fenster schließen, ohne dass ein Wärmeleck in der Außenwand zurück bleibt.

Wichtig ist, dass Ihr „Zubehör“ auch zu Ihrem Herd passt – das gilt nicht nur für die bereits erwähnten Induktionsherde. Jeder Ihrer Töpfe sollte exakt zur Größe eines der Kochfelder Ihres Herdes passen. Es ist Energie-Verschwendung, wenn zu kleine oder zu große Töpfe und Pfannen auf den „Flammen“ stehen. Achten Sie zudem darauf, dass die Unterböden Ihres Kochgeschirrs gerade und eben („plan“) sind. Haben diese Unterböden dagegen eine leichte Wölbung, dann liegt weniger Topf/Pfanne auf dem Kochfeld auf und die Hitze des Herdes wird schlechter auf das Kochgeschirr übertragen.

Zumindest ein passender Schnellkochtopf/Dampfdruckkochtopf sollte auch zu Ihrer Küchenausstattung gehören. Das vor über 300 Jahren vom Franzosen Denis Papin erfundene Gerät leistet immer noch sehr gute Dienste, da es die Kochzeit verkürzt und damit den Energieverbrauch (um bis zu 60 Prozent) senkt, zugleich auch noch die Nährstoffe/Vitamine der Lebensmittel schont.

Nicht ganz so alt wie der Dampfdruckkochtopf, aber ebenso brauchbar ist die bis Anfang der 1950er Jahre weit verbreitete „Kochkiste“. In diese Art „Thermoskanne für Kochtöpfe“ werden die zuerst auf dem Herd erhitzten Töpfe samt Gargut/Inhalt gestellt; durch die gute Isolierung der Kochkisten und die Resthitze der Töpfe wird das Essen gar, ohne weitere Energie zu verbrauchen. Im Sommer können Sie die Kochkiste zum Kühlhalten von Speisen und Getränken beim Picknick oder bei Gartenpartys verwenden.

Der Geschirrspüler ist ein weiteres Großgerät, das heute in vielen Küchen zu finden ist. Der alte Streit, ob das Hand- oder das Maschinen-Spülen umweltfreundlicher ist, kann inzwischen als entschieden gelten: moderne Spülmaschinen schaffen ein großes Geschirraufkommen mit weniger Wasser- und Energieverbrauch als das Handspülen. Dies gilt allerdings nur, wenn die Maschinen vor dem Einschalten voll beladen werden und nicht etwa halb leer starten. Für einen Single, der meist außer Haus isst, wird die Anschaffung einer guten Spülmaschine kaum zu einer lohnenden Investition werden.
Wenn aber bei Ihnen eine Geschirrspülmaschine sinnvoll ist, sollten Sie ein Gerät wählen, das in allen drei Bereichen (Energieeffizienz, Reinigungswirkung, Trockenwirkung) zur Effizienz-Kategorie „A“ gehört. Wenn Sie eine Solaranlage (Solarthermie) haben, können Sie den Energieverbrauch noch einmal senken, indem Sie Ihrem Geschirrspüler einen Warmwasser-Anschluss „spendieren“.
Der Wasserverbrauch der Spülmaschinen ist von Typ zu Typ durchaus unterschiedlich und hängt natürlich auch von der Größe des Gerätes ab. Heutige Maschinen verbrauchen weniger als 17 Liter pro Spülgang – und mit dieser Menge könnten Sie kaum ein Handspülbecken füllen. Es lohnt sich aber, auf den Wasserverbrauch zu achten und die Verkäufer um die entsprechenden Datenblätter bzw. Vergleichstabellen zu bitten. Denn auch bei

vergleichbaren Maschinengrößen können sich Unterschiede von bis zu 4 Litern Wasser pro Spülgang ergeben.

Neben den Großgeräten zum Kühlen, Kochen und Spülen gibt es noch eine Unzahl von elektrischen „Helferlein“, deren häufiger Einsatz zu einem hohen Energieverbrauch führen kann. Dabei spielt natürlich auch immer eine Rolle, wie lange diese „Helferlein“ in Betrieb sind.

Zuerst also die heizenden Elektrogeräte – da gibt es (maximale Energieaufnahme in Watt):
Brotbackautomaten (ca. 600 Watt)
Tischbacköfen (ca. 1500-2500 Watt)
Dampfgarer (ca. 650-1000 Watt)
Elektro-Dörrgeräte (ca. 250 Watt)
Elektro-Einkochautomaten (ca. 2000 Watt)
Fritteusen (ca. 2000-2200 Watt)
Elektro-Fondue (ca. 1000 Watt)
Elektrischer Raclette-Grill (ca. 1200 Watt)
Elektro-Partygrills (ca. 1100 Watt)
Kaffee- und Espresso-Maschinen (ca. 360-1700 Watt)
Mikrowellen (ca. 800-1000 Watt, mit Heißluft ca. 2300 Watt)
Eierkocher (ca. 300-400 Watt)
Toaster (ca. 900 Watt)
Bretzel- und Brötchenröster (ca. 700 Watt)
Donut-Maker (ca. 800 Watt)
Muffin-Maker (ca. 1400 Watt)
Sandwich-Maker (ca. 700 Watt)
Schokoladenbrunnen (ca. 60-350 Watt)
Popcornmaschinen (ca. 600-1200 Watt)
Waffelautomaten (ca. 1000-1200 Watt)
Wasserkocher (ca. 1000-3000 Watt)
Vakuum-Folienschweißautomaten (ca. 120-150 Watt)

Allen diesen heizenden Geräten ist gemeinsam, dass Sie als Nutzer hier praktisch nicht auf Geräte ohne Stromverbrauch auswei-

chen können (Ausnahme: Vakuum-Folienschweißautomat). Sicher, in tropischen Gefilden könnten sie das Dörren oder das Wasserkochen auch mit Solarenergie erledigen. Sicher, Sie können auf Kaffee, Toast und gekochte Eier ganz verzichten. Sicher, Sie können Brot, Popcorn und Waffeln im Laden kaufen, was sogar der kostengünstigere Weg sein kann. Doch schon wenn Sie Ihr Brot im Ofen backen und Ihr Frühstücksei auf dem Herd kochen, verbrauchen Sie wieder Energie – nur mit anderen Geräten. Letztlich geht es dann nur darum, womit Sie weniger Energie verbrauchen und wo Sie sich die Anschaffungskosten sparen können. Vieles hängt dabei von Ihren persönlichen Nutzungsgewohnheiten ab. Wer häufig Wasser kocht (Tee, Babymilch-Fläschchen etc.), sollte sich einen extra Wasserkocher anschaffen. Dieser verbraucht für das Abkochen des Wassers erheblich weniger Energie als der Herd. Zur Not können Sie mit einem speziellen Einsatz im Wasserkocher auch Ihr Frühstücksei kochen. Ansonsten empfiehlt sich für wirkliche Liebhaber des morgendlichen Hühnerprodukts die Anschaffung eines Eierkochers, der auf Dauer gegenüber dem Eierkochen am Herd günstiger ist. Eine Mikrowelle lohnt sich bei Single-Haushalten oder Wohngemeinschaften, in denen Menschen zeitlich versetzt essen.
In jedem Fall bleibt Ihnen die Chance, schon beim Kauf der Geräte auf einen geringen Energieverbrauch zu achten und z.B. eine geringere maximale Watt-Zahl zu wählen.

Neben den heizenden Elektrogeräten gibt es noch die vielen anderen elektrischen „Helferlein“ – das sind (maximale Energieaufnahme in Watt):
Handmixer (ca. 350 Watt)
Mixstäbe (ca. 300-600 Watt)
Milchaufschäumer (ca. 500 Watt)
Elektro-Küchenmaschinen (ca. 500-800 Watt)
Elektro-Kaffeemühlen (ca. 100-250 Watt)
Elektrische Getreidemühlen (ca. 250-600 Watt)
Elektro-Flockenquetschen (ca. 120-160 Watt)
Elektrische Gebäckpressen (ca. 30 Watt)

Elektrischer Dosenöffner (ca. 50 Watt)
Elektro-Fleischwölfe (ca. 600 Watt)
Elektrischer Messerschleifer/-schärfer (ca. 40-100 Watt)
Elektrischer Alles-/Brotschneider (ca. 100-150 Watt)
Elektrisches Haushaltsmesser (ca. 100-250 Watt)
Elektro-Entsafter (ca. 900 Watt)
Elektrische Jogurthbereiter (ca. 10-15 Watt)
Elektrische Zitruspressen (ca. 30-40 Watt)
Elektrische Vakuum-Frischhalteboxen (ca. 4 Watt)
Digitale Küchenwaagen (Batteriebetrieb)
Elektro-Salz- und -Pfeffermühlen (Batteriebetrieb)

Das Schöne bei allen diesen Geräten ist, dass Sie auf ihre Anschaffung verzichten können, weil es bewährte, einfache mechanische Alternativen dazu gibt [Lit]. Im Ernst: welcher Nicht-Einarmige braucht schon einen elektrischen Dosenöffner oder ein elektrisches Haushaltsmesser? Per Hand betriebene Mixer, Dosenöffner, Gebäck- und Zitruspressen sind seit Jahrzehnten in bewährtem Einsatz, ohne dass jemand dafür extra Strom bezahlen muss. Wer im Internet sucht, findet die unterschiedlichsten mechanischen Kückenmaschinen und Saftpressen. Wer es unbedingt quasi automatisch haben möchte, kauft sich einen solarbetriebenen Milchaufschäumer und quirlt künftig seine Milch zum elektrischen Nulltarif. Vakuum-Frischhalteboxen mit Handpumpe gibt es schon lange. Und die Digitalwaagen gaukeln eine Präzision vor, die in der Küche meist gar nicht nötig ist. Eine gute, mechanische Küchenwaage reicht fast immer.
Fazit: bevor man sich ein vielleicht billiges Elektro-Helferlein zulegt, sollte man lieber zu einfach-mechanischer, qualitativ hochwertiger Technik greifen – das ist auf Dauer meist günstiger. Und man braucht keine defekten Elektro-Altgeräte, die inzwischen nicht mehr über den Hausmüll entsorgt werden dürfen, zu den Sammelstellen/Recyclinghöfen zu bringen.

Neben dem Energieverbrauch gibt es in der Küche auch den Ressourcenverbrauch. Über den Wasserkonsum von Spülmaschinen

haben wir bereits gesprochen. Daneben werden eine Vielzahl von Einmal- und Wegwerfprodukten genutzt.
Getränke-Sprudler gibt es zwar heute auch schon für die üblichen PET-Mehrwegflachen, so dass man nicht mehr extra Spezialflaschen kaufen muss. Dennoch benötigen die Geräte extra Kohlensäure-Kartuschen sowie spezielle Flaschenverschlüsse mit Druckventil. Ob sich ein solches Gerät für Sie „rechnet", hängt neben den Preisen für das Gerät, für die Kohlensäure-Kartuschen und für die Spezialverschlüsse auch davon ab, wie viel Kohlensäure das Gerät in jede PET-Flasche presst, d.h. wie lange die Füllung der Kohlensäure-Kartusche reicht.
Die neueste Mode sind Kaffee- und Espressomaschinen, bei denen der Kaffee bereits abgepackt in speziellen, von Hersteller zu Hersteller unterschiedlichen „Pads" oder ähnlichem eingefüllt wird. Abgesehen von dem nicht gerade umweltfreundlichen Verpackungsaufwand werden Sie mit dem Kauf der Geräte abhängig von den speziellen Nachfüll-Produkten eines Herstellers und damit von dessen Preispolitik. Und solche Abhängigkeiten sind meist teuer – das Prinzip „Öl für Chinas Lampen" lässt grüßen.
Weniger problematisch ist da der klassische Kaffeefilter aus Papier, obwohl auch hier ein guter Dauerfilter aus Edelstahl oder Kunststoff etc. den immer wiederkehrenden Kauf von Papierfiltern erspart.
Seit einigen Jahren vergrößern Papierküchentücher unsere Müllberge. Hier hilft das gut, alte Küchentuch aus (Kunst-)Stoff.

Sie sparen

Auch wenn Sie bei der Kücheneinrichtung alles richtig gemacht haben, so können Sie doch bei der Küchennutzung viel falsch machen – und umgekehrt.

Beginnen wir wieder mit dem Kühlschrank.
Die erste Grundregel lautet: Tür auf, Lebensmittel rein (oder raus), Tür zu. Sofort zu, denn alles andere kostet unnütz Energie und Ihr Geld. Vermeiden Sie es also, die Kühlschranktür zu öff-

nen, etwas hinein zu stellen, um dann die Tür offen zu lassen, und eben quer durch die Küche zu laufen, um weitere Lebensmittel gleich noch mit hinein zu stellen.
Ein Kühlschrank sollte zudem immer gut mit Waren gefüllt sein, denn je weniger kalte Luft darin ist, desto weniger Kälte kann beim Öffnen der Kühlschranktür „herausfallen“.
Wichtig ist, keine warmen/heißen Lebensmittel in den Kühlschrank zu stellen, weil für deren Abkühlung zusätzlich Energie notwendig ist. Besser, Sie lassen warme Speisen erst abkühlen. In der kalten Jahreszeit eignet sich dafür besonders der Balkon und die Terrasse. Von dort können Sie bei Frost die Speisen wieder hinein holen und in den Kühlschrank stellen; so lässt sich sogar besonders energiesparsam im Kühlschrank kühlen. Generell sollten Sie nach Möglichkeit alles Gefriergut zuerst einmal im Kühlschrank auftauen lassen, weil es dort Kälteenergie sinnvoll abgibt.
Viele Kühlschränke sind zu kalt eingestellt: + 7 Grad Celsius reichen als Kühlschranktemperatur aus. Sie als Nutzer merken die unnötige Kälte, wenn z.B. die Butter im Butterfach steinhart ist und Lebensmittelpackungen an der Rückwand des Kühlschranks fest frieren. Sie sollten dann Ihr Gerät weniger schwer arbeiten lassen und die Temperatur um ca. drei Grad Celsius erhöhen. Nur ein kleiner Dreh am Temperaturschalter – so einfach kann das Energiesparen sein. Leider haben viele Temperaturschalter keine Celsius-Grad-Angabe. Hier hilft ein Thermometer, dass Sie oben (!) in den Kühlschrank legen.
Wichtig sind gerade sitzende, gut schließende Türen und intakte Isoliergummis an den Türen; Beschädigungen sollten schnell behoben werden (z.B. Austausch der Gummis), das hier sonst ständige Energieverluste enstehen.
Und reinigen Sie von Zeit zu Zeit die „Kühlschlangen“ an der äußeren Rückseite des Kühlschranks; sind diese nämlich total verstaubt, kann die Wärme schlechter abgegeben werden.

Für den Herd als „Gegenspieler“ des Kühlschranks gelten teilweise ähnliche Spielregeln: wenn ein Topf auf den „Feuer“ steht

– Deckel zu! So bleibt die Wärme im Topf und kann nicht sinnlos nach oben entweichen. Achten Sie darauf, dass der Deckel auch zur Größe des Topfes passt und ihn dadurch gut abdeckt. Lassen Sie während des Kochens auch keine Rührlöffel, Schneebesen etc. im Topf, weil dann der Deckel nicht richtig schließt und die Wärme entweicht.
Wie man keine heißen Speisen in den Kühlschrank stellt, so sollte man, wo immer es aus hygienischen Gründen geht, auch keine gefrorenen Speisen im Topf erhitzen; das verbraucht unnötig Energie. Besser ist es, die Speisen erst im Kühlschrank auftauen zu lassen und sie erst dann in den Kochtopf zu geben.
Wichtig ist, dass die Größe des verwendeten Topfes/der Pfanne immer zur Größe des eingeschalteten Kochfeldes passt.
Bei vielen Zubereitungen von Lebensmitteln im Topf oder im Backofen können Sie sich das Vorheizen ersparen und auch den Elektro-Herd schon kurz vor Ende der Kochzeit ausschalten. So lassen sich z.B. Eier im Topf kochen, indem man sie gleich zu Anfang in das noch kühle Leitungswasser legt und mit aufkocht. Sobald das Wasser im (mit Deckel verschlossenen!) Topf kocht, sollten Sie den Herd ausschalten und den Topf mit den Eiern noch die gewünschte Garzeit auf dem Kochfeld stehen lassen. Dies spart die Kochenergie von mindestens drei Minuten.
Wenn Sie den Backofen vorheizen müssen und dazu Umluft verwenden, sollten Sie beim Befüllen des Ofens die Umluft ausstellen – sonst pustet Ihnen der Ventilator die warme Luft aus dem Ofen heraus.
Nach dem Ende einer Koch- oder Backaktion haben Sie die Möglichkeit, noch die Restwärme Ihres Herdes/Backofens zu nutzen: zum schnellen Auftauen von Lebensmitteln, zum Vorwärmen von Wasser (z.B. für das Abwaschen von Töpfen) oder Fett/Öl etc. Dabei ist es dann nicht so wichtig, dass die Größe des Topfes/der Pfanne zur Größe des Kochfeldes passt, da es sich hier um die Restnutzung bereits schon praktisch verlorener Wärmeenergie handelt.
Eine weitere Möglichkeit zur Restwärme-Nutzung ist, auf einen Topf mit kochenden Inhalt (z.B. Kartoffeln) quasi als Deckel

einen zweiten, gleich großen Topf zu stellen, dessen Inhalt nur erwärmt werden muss; so spart man sich das Einschalten einer zweiten Herdplatte.
In der warmen Jahreszeit sollten Sie auf das Einschalten der Dunstabzugshaube Ihres Herds verzichten und lieber das Küchenfenster öffnen; dann haben Sie frische Luft zum Nulltarif.

Auch für das letzte Großgerät, den Geschirrspüler, gibt es einige Nutzungsregeln [Lit], die Energie sparen helfen: starten Sie die Maschine nie nur halb voll. Befüllen Sie die Maschine richtig, damit ein optimaler Spüleffekt eintritt und sie das Spülgut nicht noch mit einer Handwäsche nacharbeiten müssen – zu eng gestapelte Teller und Töpfe lassen das Wasser nun mal nicht an jede Stelle kommen.
Wenn Sie das heiße Wasser für die Geschirrspülmaschine mit Ihrer Solaranlage erzeugen können, sollten Sie den Geschirrspüler im Winter nur tagsüber einschalten, weil dann die Solaranlage noch genügend warmes Wasser liefert und das Spülwasser nicht künstlich mit Strom nachgeheizt werden muss.
Und um einen Standby-Verbrauch zu vermeiden, sollte die Maschine direkt nach dem Ende des Spülgangs ausgeschaltet werden.

Achten Sie beim Einsatz des Wasserkochers darauf, dass Sie immer nur so viel Wasser abkochen, wie Sie gerade benötigen. Das spart Energie und (!) Wasser. Wenn Sie sich noch unsicher sind, messen Sie vorher die benötigte Wassermenge mit einem Litermaß ab oder gießen Sie für eine Tasse Tee ca. eineinhalb Tassen Wasser (Dampfverluste!) in den Wasserkocher. Wenn Sie noch einen fest an der Wand montierten Kochendwasserautomaten verwenden, sorgen Sie dafür, dass dieser nicht ständig heißes Wasser vorrätig hält – das verschwendet unnötig Strom. Also besser: nach Benutzung abschalten oder den Stecker ziehen.

Generell gilt: wählen Sie für die Küchenarbeiten immer ein geeignetes, aber Energie sparendes Gerät aus. Wer beispielsweise nur zwei oder vier Brötchen aufbacken will, sollte statt des Backofens einen vorhandenen Toaster nutzen.

Wenn Sie Geschirr mit der Hand abspülen, setzen Sie den Stopfen in den Ausguss des Spülbeckens – ein Abwaschen mit laufendem Wasserhahn ist reine Wasserverschwendung. Das gilt auch für das meist unnötige Vorspülen von Geschirr – sei es für den Handabwasch oder für den maschinellen Geschirrspüler.

Literatur:
sparsame Geräte
http://www.ecotopten.de/produktfeld_kueche.php
http://www.spargeraete.de/
http://www.stromeffizienz.de/stromspar-service/check-kuehlen-gefrieren.html
http://topprodukte.at/
http://www.energybox.ch/index.aspx
http://www.topten.ch/

holzbeheizte Herde mit Zentralheizungs-Unterstützung
http://www.lohberger.com/de/haushalt/produkte/herde/

mechanische Küchengeräte
http://www.zyliss.ch/
http://www.lurch.de/

richtig Geschirrspülen
http://www.saveenergyandwater.com/de.asp

7. Badezimmer/Toilette

Das Badezimmer ist der Ort im Haus, in dem – neben einem bisweilen hohen Energieverbrauch – das meiste Wasser verschwendet wird. Worauf ist hier also besonders zu achten?

Sie bauen/renovieren

Planen Sie die Anlage Ihres Bades so, dass das Bad – anders als manche „Naßzellen" in Hotels – ein eigenes Fenster nach draußen hat. Das hilft beim schnellen Entlüften, vermeidet dadurch Schimmel und erspart Ihnen die Energiekosten des Abluft-Ventilators bei fensterlosen Badezimmern/Toiletten.

Als Wärmelieferant reicht für das Badezimmer/die Toilette meist eine Handtuch-Heizung, verbunden mit einem Heizungswasser-Rücklauf unter dem Fliesenboden, der für warme Füße sorgt.

Wenn Sie die Auswahl zwischen dem Einbau einer Badewanne und dem Einbau einer Dusche haben, sollten Sie aus Sparsamkeits-Gründen immer die Dusche wählen. Eine Badewanne verbraucht viel mehr Wasser und – da Sie in den meisten Fällen nicht kalt baden – auch viel mehr Energie als eine Dusche.
Zudem hat die „Wellness"-Mode dazu geführt, dass immer mehr Badewannen mit Sprudel- und Whirlpool-Zusatzeffekten ausgestattet werden. Wer sich so etwas anschafft, sollte wissen: jedes Einschalten kostet extra Geld.

Einarm-Armaturen verringern den Wasser-Verbrauch, weil man den Wasserhahn schnell schließen und bei der zuvor eingestellten Wassertemperatur auch wieder öffnen kann. Sie erhöhen aber den Wärmeenergie-Verbrauch, da die Einarm-Armaturen bereits in „Null-Stellung" (Einarm-Hebel exakt über dem Wasserhahn) lauwarmes Wasser liefern und der Mensch aus optischen/ästhetischen Gründen meist die Null-Stellung wählt. Dadurch wird immer Wärmeenergie verbraucht und niemand wäscht sich mehr kalt die Hände, was im Normalfall ausreichend wäre.

Eine Alternative bietet der schwedische Hersteller „Mora“ [Lit] mit seinen Einarm-Armaturen (Mora ESS-System), die sich hauptsächlich nur zu einer Seite (nach links) schwenken lassen und in der Null-Stellung kaltes Wasser liefern.

Wasserspartasten für die Toilettenspülung sind heute eigentlich eine Selbstverständlichkeit; sollten diese aus irgendwelchen Gründen bei Ihnen noch nicht vorhanden sein, bauen Sie welche ein. Das gleiche gilt für Durchflussbegrenzer in Wasserhähnen und Duschköpfen, denn fast immer strömt mehr Wasser pro Sekunde aus den Zapfstellen, als man gebrauchen kann.

Das Rasieren ist bei Männern praktisch eine Glaubensfrage: nass oder trocken heißen die Alternativen. Mit entschiedenen Vertretern der einen oder anderen Richtung wird man kaum diskutieren können. Aus Sicht der Verbrauchswerte bei dieser enthaarenden Tätigkeit lässt sich festhalten: während der elektrische Rasierer nur Strom als Energie verbraucht, benötigt die Nassrasur an Ressourcen Klingen + Wasser + Rasierschaum. Daher sollte man(n), sofern er auf diesem Gebiet flexibel ist, der Elektrorasur (trocken) den Vorzug geben. Verzichten Sie allerdings auf reine Akku-Rasierer, da die Akku/Ladegeräte auch im ungenutzten Zustand Energie verlieren/verbrauchen und ein Zusammenbrechen des Akkus meist Ihren ganzen Rasierer unbrauchbar/wertlos macht.
Gleichfalls sollten Sie auf die modischen elektrischen Nass-Rasierer verzichten, da sie das Schlechteste aus beiden Welten kombinieren: Energieverbrauch + Ressourcenverbrauch.

Personenwaagen zur Kontrolle des eigenen Körpergewichts gehören in den meisten Badezimmern zur Grundausstattung. Eine mindestens ebenso große „Sünde“ wie das extreme Übergewicht des Benutzers ist allerdings, dass immer mehr Waagen mit Batterien für Messung und Anzeige ausgestattet werden. Dabei gibt es seit Jahrzehnten mechanische Präzisionswaagen, und auch ein Antrieb mit Solarzellen oder Piezoelektrik (der Druck des Körpergewichts erzeugt elektrischen Strom) ist längst erhältlich. Sparen Sie sich also Waagen mit Batterien oder Mignon-Zellen.

Überall im Bad gibt es kleine, meist elektrische „Helferchen", die sich aus Ihrer Energierechnung bedienen: Epilliergeräte, Haarglätter, Lockenstäbe, Mundduschen, Ohrreiniger, UV-Desinfektions-Leuchten etc. Das Meiste lässt sich auch ohne elektrischen Strom erledigen. Merke: nur ein elektrisches Gerät, was Sie nicht besitzen, kann Ihnen nie den Stromverbrauch erhöhen. Wenn Sie dennoch unbedingt ein solches Gerät besitzen müssen, achten Sie beim Kauf auf den Batterie-/Stromverbrauch und die Kosten für solche Verbrauchsmaterialien wie Bürsten, Klingen, Scherköpfe etc.

Das gilt auch für die elektrischen Zahnbürsten: angeblich sollen die rotierenden Wunderwerke noch sauberere Zähne hinterlassen als ein gutes Handbürsten – aber sie verbrauchen Strom und relativ teure Spezialbürsten. Letztlich haben die Entwicklungs-Ingenieure dieser Zahnreiniger wohl ihren Job nicht richtig gemacht, denn für rotierende Bürsten braucht man keinen Elektroantrieb. Eine einfache Druckmechanik, die die Borsten auf Umdrehungen bringt, täte es auch, wie uns Brummkreisel und Dynamo-Taschenlampen seit Jahrzehnten zeigen. Dann aber würden die Geräte wohl nur noch die Hälfte kosten, keinen Strom mehr verbrauchen und nie mehr durch Zusammenbruch des Akkus ihren Dienst verweigern und Sie zu einem Neukauf zwingen.
Wenn Sie Energie und Geld sparen wollen, warten Sie also mit einer solchen Anschaffung, bis die Hersteller zur Vernunft gekommen sind.

Verwenden Sie keine batteriebetriebenen Sensorwasserhähne zum Nachrüsten – zum einen wegen der unnötigen Ausgaben für Batterien, zum anderen weil die Batterien leider auch dann versagen, wenn gerade keine Ersatzbatterie verfügbar ist. Wenn Sie denn unbedingt einen „automatischen" Wasserhahn haben wollen, verwenden sie lieber einen „Automatik-Wasserstopp", der auf den Auslass des Wasserhahns geschraubt wird und das Wasser bei Berührung frei gibt.

Bei den Fieber-Thermometern werden heute die alten, mit Quecksilber gefüllten Exemplare immer mehr durch Thermometer mit Digitalanzeige abgelöst. So gut es einerseits ist, kein giftiges Quecksilber mehr im Haus und aus Versehen auch im Müll zu haben, so benötigen andererseits die Digital-Thermometer eine elektrische Stromversorgung mittels einer Knopfzelle. Diese Knopfzellen kosten nicht nur Geld; wenn sie z.B. des Nachts oder auf einem Segeltörn ausfallen, funktioniert plötzlich das Thermometer nicht mehr. Die bessere Lösung sind Fieber-Thermometer, die weder Quecksilber noch Batterien benötigen. Hier kann man Dioden-Fieberthermometer, Glas-Fieberthermometer mit einer Galliumlegierung als Messflüssigkeit, oder Solar-Fieberthermometer nennen.

Für die meisten Badbenutzer schlicht überflüssig ist wohl ein Ultraschall-Reinigungsgerät (maximale Leistungsaufnahme ca. 50 Watt) zur Säuberung von Zahnprotesen, Schmuck, Elektroscherköpfen etc. Alle zu reinigenden Objekte lassen sich bereits seit Jahrzehnten prima säubern, ohne dass man dazu bisher Strom verwenden (-schwenden) musste.

Sie sparen

Stille, fast „heimtückischer“ Energieverbraucher in den Badezimmern vieler Wohnungen sind die Warmwasser(auf)bereiter. Diese unscheinbaren Geräte, häufig unter dem Waschtisch verbaut, werden meist mit Strom betrieben (es gibt auch Geräte für Gas) und sind meist rund um die Uhr im Einsatz. Sie haben durch ihre große Heizleistung (ca. 2.000-6.000 Watt) einen erheblichen Strombedarf, denn sie erhitzen das Wasser nicht nur, sondern halten es in ihrem integrierten Speicher auch dauerhaft warm. Das führt natürlich wegen der nie perfekten Isolation zu unnötigen Energieverlusten, besonders wenn den ganzen Tag

über niemand in der Wohnung ist, um das heiße Wasser zu nutzen. In diesem Fall sollten Sie das Gerät ausschalten, wenn Sie das Haus verlassen (besonders, wenn Sie in Urlaub fahren) und es erst wieder einschalten, wenn Sie in den nächsten Minuten heißes Wasser benötigen.
Anders liegt der Fall, wenn Sie einen Durchlauferhitzer haben, der selbstverständlich keinen Warmwasser-Speicher besitzt. Diese Geräte werden mit Gas oder Strom betrieben. Hier können Sie nur sparen, indem Sie die Heiz-Temperatur auf rund 45° Celsius herunter regeln. Weniger sollte es allerdings nicht sein, weil sich sonst Keime in den Leitungen ausbreiten können.
Sowohl bei den elektrischen Warmwasser(auf)bereiter als auch bei den elektrischen Durchlauferhitzern müssen die Heizstäbe von Zeit zu Zeit gemäß Bedienungsanleitung fachmännisch entkalkt werden, da dicke Kalkablagerungen die Heizstäbe vom zu erhitzenden Wasser isolieren und damit unnötig Energie verschwenden.

Wenn Sie die Alternative haben, duschen Sie besser an statt zu baden. Fünf Minuten im Brause-Regen benötigen nur ein Drittel des Wassers einer Badewanne. Allerdings stehen nach einer Untersuchung der britischen „Royal Society of Chemistry“ vom Juli 2008 rund 40 Prozent der Westeuropäer länger als fünf Minuten unter der Dusche und verbrauchen so unnötig Wasser. Als hinreichende Duschzeit gelten übrigens zwei Minuten.
Lüften Sie bereits während des Duschens: so kann der Wasserdampf gleich abziehen und schlägt sich nicht so sehr im Bad nieder. Sie können das Fenster beim Verlassen des Bades gleich wieder schließen und lassen es nicht zu lange geöffnet.

Nutzen Sie zum Händewaschen fast immer (fettige oder sehr schmutzige Hände ausgenommen) kaltes Wasser – das reicht! Und schließen Sie den Wasserhahn, während Sie Ihre Hände einseifen: manche Menschen verbrauchen sinnlos mehr Wasser während des Einseifens als durch das anfängliche Benetzen und abschließende Abspülen der Hände.

Ähnlich ist es beim Zähneputzen: wer einen Zahnputzbecher benutzt anstatt während der Mundpflege das Wasser laufen zu lassen, kann auf Dauer erhebliche Mengen an Wasser sparen.

Wer sich nach dem Duschen/Haarewaschen den Kopf föhnt, sollte dies möglichst nur mit kaltem Luftstrom tun. Das schont nachweislich nicht nur die Haare, sondern auch den Geldbeutel. Zeit und Geld spart, wer nur eine Kurzschnitt-Frisur trocknen muss – haben Sie schon mal überlegt, ob Ihnen ein kurzer Haarschnitt nicht auch gut steht? Natürlich kann man auf den Föhn – und nicht zuletzt auf die alte Trockenhaube – auch ganz verzichten: es gibt Handtücher aus Microfasern und Bürsten, die quasi das Wasser aus den Haaren ziehen, um es dann später an die Umgebungsluft abzugeben.

Beim Zähneputzen lässt sich neben Wasser und Strom auch Material sparen: die Zahnbürste muss nicht von Zahnpasta überquellen, damit die ersten, zweiten – oder dritten – Beißwerkzeuge sich gut reinigen lassen. Etwas weniger Materialeinsatz tut es auch. Und selbst wenn die Zahnpastatube gut ausgedrückt wirkt, ist dort noch Paste für drei bis fünf Zahnreinigungen enthalten. Was tun? Kaufen Sie sich eine Tubenpresse oder schneiden Sie die Tuben einfach auf. In einem Zähneleben lassen sich so mehrere Tuben sparen.

Gleiches gilt für die Seife: wer feste Seife benutzt, behält beinahe immer fast verbrauchte kleine Stücke zurück, die sich nicht mehr verwenden lassen. Eine einfache Seifenpresse reicht, um aus mehreren dieser Kleinstücke wieder ein großes zu machen. Oder verwenden Sie, natürlich sparsam, Flüssigseife aus dem Spender.

Reinigungsmittel sind im Bad zwar unverzichtbar, werden aber heute meist „überdosiert“. Wenn nicht besondere Gründe vorliegen, sind die häufig eingesetzten Mittel mit antibakteriellen Zusatzstoffen überflüssig. Sie kosten nicht nur Geld, sondern erhöhen auch die Gefahr, dass sich resistente Bakterienstämme bilden, die dann erst recht gefährlich sind. Deshalb reichen normale Reinigungsmittel ohne Desinfektionszusatz gewöhnlich vollkommen aus. Künftig wird man als Material für Lichtschalter und Türgriffe vermehrt Kupfer [Lit] einsetzen; dieses Metall wirkt antibakteriell und macht daher häufiges Desinfizieren im Haushalt überflüssig.

Als wahrlich Allerletztes noch eine Anmerkung zum Toilettenpapier: es kann günstiger sein, eine gute mehrlagige Qualität zu kaufen als eine mindere Qualität doppelt und dreifach zu nehmen. Hier gilt: „Geiz geht gar nicht gut".

Literatur:

Mora-Armaturen
http://www.moraarmatur.de

Quecksilberfreie Glas-Fieberthermometer und Solar-Fieberthermometer
http://www.geratherm.com

Informationen zu Kupfer
http://www.kupfer.de/
http://www.mein-haus-kriegt-kupfer.de/hygienisch/

8. Waschküche/Wirtschaftsraum

Sie bauen/renovieren

Ebenerdig sollte die Waschküche wegen der Wasseranschlüsse neben den Nassräumen (Bad, Küche) liegen. Innerhalb des Kellerbereichs sollte sie möglichst nicht im kalten Norden eingerichtet werden, damit sich die Feuchtigkeit im kalten Raum nicht so leicht an den Wänden niederschlägt. Eine Heizung hilft dabei, den Raum trocken zu halten. Ein (Keller-)Fenster sorgt für gute Lüftungsmöglichkeiten und genug Tageslicht, so dass das Einschalten der elektrischen Beleuchtung tagsüber überflüssig ist.

Bei der Anschaffung der hier nötigen Großgeräte Waschmaschine und Wäschetrockner [Lit] sollten Sie besonders darauf achten, dass diese mit dem Energie-Label A+ oder A++ gekennzeichnet sind. Es ist sinnlos, sich billige Gebrauchtgeräte älteren Datums – wohl möglich noch mit maroden Wasserschläuchen, die dann platzen – zu kaufen, nur um etwas Geld zu sparen. Der Verbrauch von Strom und Wasser in diesen Altgeräten, insbesondere in Waschmaschinen, ist um vieles höher als bei Neugeräten, so dass sich die Liebe zum Alten hier gar nicht lohnt. Überlegen Sie doch mal, warum die Altgeräte so billig sind.... richtig, sie passen nicht mehr zu unseren heutigen Energiespar-Zielen.
Sollten Sie bereits eine Solarkollektor-Anlage haben, können Sie meist Ihre Waschmaschine – gegebenenfalls mit einem entsprechenden „Vorschaltgerät" – an den Warmwasserhahn anschließen. Das senkt den Stromverbrauch der Waschmaschine, da diese das Waschwasser nicht mehr elektrisch aufheizen muss.
Bei den Wäschetrocknern sollten Sie Ausschau halten nach Wärmepumpen-Trocknern, welche die Abwärme teilweise wiederum zum Trocknen nutzen, oder – falls Sie einen Erdgas-Anschluss haben – auch nach Erdgas-Trocknern. Diese Typen gehören meistens zu den Geräten mit dem geringsten Energieverbrauch. Dagegen hat der alte Streit um konventionelle Abluft- oder Kondens-Trockner an Bedeutung verloren: Abluft-Trockner sind

zwar meist billiger und verbrauchen etwas weniger Strom, benötigen aber für ihren Abluftschlauch ein nahes Fenster oder eine Bohrung durch die Außenwand, wodurch Wärme aus dem Haus entweichen kann.

Eine Bügelmaschine ist in den meisten Privathaushalten wohl ein überflüssiger Luxus – denken Sie immer daran: ein E-Gerät, das nicht im Hause ist, kann auch keinen Strom verbrauchen, nicht versehentlich angeschaltet bleiben, nicht teuer kaputt gehen.
Auf ein Bügeleisen werden die meisten von uns dagegen nicht verzichten wollen, schon wegen der Blusen und Oberhemden. Schade allerdings, dass sich heute nur noch elektrische Bügeleisen auf dem Markt befinden. Früher gab es noch Exemplare, die mit Gas oder Spiritus betrieben wurden; sie erzeugten die benötigte Hitze direkt beim Verbrauch. Für die heutigen E-Bügeleisen wird zuerst im Kraftwerk aus Wärme Strom erzeugt und dieser dann im Bügeleisen wieder in Wärme umgewandelt – also mit insgesamt doppelten Umwandlungsverlusten. Vielleicht schafft ja hier die aufkommende H2-/Wasserstoff-Technologie auch Abhilfe und beschert uns ein Wasserstoff-Bügeleisen.

Nähmaschinen werden heute ausschließlich elektrisch angetrieben, was aber nicht zwingend ist, wie uns die alten, teilweise noch funktionsfähigen Exemplare mit Pedal- oder Handkurbel-Antrieb zeigen. Da diese elektrischen Maschinen beim Hausgebrauch nur zeitlich sehr begrenzt im Einsatz sind, spielt der Stromverbrauch anders als bei solchen „Dauerläufern“ wie dem Kühlschrank nicht die entscheidende Rolle. Wichtiger ist, dass Sie sich über Ihre Anforderungen an die Nähmaschine klar werden und vor dem Kauf die entsprechenden Testberichte studieren. Denn obwohl es auch für unter 300 € gute Nähmaschinen gibt, kann man für eine riesige Vielfalt von Programmen und Näh-Möglichkeiten auch mehr als das Doppelte ausgeben. Es wäre schade, wenn Sie viel Geld für Dinge investieren, die Sie nie nutzen.

Batteriebetriebene Fussel-Rasierer dienen zum Entfernen der Fusseln, Knötchen etc. von Kleidungsstücken, Bezügen u.ä. aus Wolle. Für dies Arbeit reicht meist auch eine einfache Fusselschere. Ansonsten ist das Auftauchen des ersten solarbetriebenen Fussel-Rasierers auf dem Markt sicher nur eine Frage der Zeit.

Staubsauger werden mit immer größeren Watt-Zahlen angeboten. Dabei sagt die elektrische Leistung(s-Aufnahme) nicht unbedingt was über die Saugleistung aus. Letztere ist vielmehr abhängig von der Konstruktion des Gerätes. Schauen Sie dazu in die entsprechenden Testergebnisse. Wichtiger als die Höhe der Leistungsaufnahme ist die Entscheidung für einen Typ mit oder ohne Staubbeutel. Sollten Sie sich für einen Mit-Staubbeutel-Typ entscheiden, achten Sie darauf, dass es für Ihren Sauger-Typ die Staubbeutel nicht nur vom Gerätehersteller zu kaufen gibt, da letztere meist teurer sind.
Beutellose Staubsauger haben den Vorteil, dass Sie überhaupt keine Beutel mehr kaufen müssen. Allerdings sollte sich der Dauerfilter leicht reinigen lassen (z.B. abspülbar), da verstopfte Filter die Saugleistung vermindern und den Stromverbrauch erhöhen.
Die Saugschläuche der Staubsauger gehen heute meist schnell kaputt und müssen fast schon als Verbrauchsmaterial betrachtet werden. Wenn es für Ihren Sauger-Typ keinen stabilen Gewebeschlauch gibt, schauen Sie auch hier, ob für Ihren Typ günstige Ersatzschläuche angeboten werden. Manche Staubsaugerhersteller scheinen sich nämlich bei den Schläuchen ein Beispiel an den PC-Drucker-Herstellern und ihren Tinten zu nehmen: die Geräte werden verlockend günstig verkauft, aber das notwendige Verbrauchsmaterial ist dafür nahezu unverschämt teuer.

Weitere Reinigungsgeräte wie Dampfreiniger, Akku-Kehrer, Elektrobesen etc. sind in den meisten Haushalten eine unnötige Verschwendung von Geld und Strom. Dampfreiniger sind allenfalls sinnvoll bei Allergien gegen chemische Haushaltsreiniger,

wobei auch ein Wechsel zu haut- und umweltfreundlichen Reinigungsmitteln helfen kann.
Das Geld für so ein Gerät ist fast immer besser in einem mechanischen Kehrer (Kehrmaschine) investiert. Der verbracht weder Filtertüten noch Wasser noch Strom, ist leicht und besonders flexibel, da er kein Elektrokabel („Stolperfalle“) mit sich herum schleppt.

Keinen Strom, dafür aber Tücher, Vliese etc. verbrauchen einige Reinigungs- und Wischsysteme. Achten Sie wie bei den Staubsauger-Beuteln und -schläuchen darauf, dass Sie bei den Verbrauchsmaterialien nicht nur auf die Produkte des Geräteherstellers angewiesen sind.

Sie sparen

Die Waschmaschine [Lit] sollten Sie nicht halb voll ihren Dienst verrichten lassen, auch wenn heute die moderneren Maschinen automatisch den Wasserverbrauch an die Wäschemenge anpassen. Zwei halb volle Maschinen brauchen etwas das anderthalbfache an Energie wie eine richtig volle Maschine. In den meisten Fällen können Sie auch auf die Vorwäsche verzichten; nur bei extrem verschmutzten Kleidungsstücken ist diese noch nötig. Wie beim Geschirrspüler gilt auch hier: wenn Sie das Warmwasser mit einer Solaranlage erzeugen, sollten Sie die Waschmaschine zwecks besserer Energieausnutzung nur tagsüber laufen lassen.
Richtiges Befüllen der Maschinen nutzt wenig, wenn die Wasser-Pumpe anschließend gegen verstopftes Flusensieb anpumpen müssen. Reinigen Sie also das Flusensieb entsprechend der gewaschenen Materialien nach ca. jeder fünften Wäsche.

Moderne Waschmittel machen es möglich, die Wäsche in der Maschine schon bei niedrigerer Wasser-Temperatur zu reinigen. Durch das Senken der Waschtemperatur von 90° auf 60° können Sie den entsprechenden Stromverbrauch in etwa halbieren.

Waschmittel können Sie sparen, wenn Sie das Waschmittel bei nur leicht verschmutzter Wäsche gemäß den Packungsangaben für den geringsten Wasserhärtebereich dosieren, auch wenn der Wasserhärtebereich Ihres Wohnortes eigentlich etwas höher liegt. Ansonsten sollten Sie immer die Waschmittelmenge abgestimmt auf den Wasserhärtebereich Ihres Wohnortes verwenden. Wie hoch dieser Härtebereich bei Ihnen ist, sagt Ihnen das kommunale Wasserversorgungsunternehmen.
Wichtig ist, die Wäsche bei möglichst hohen Umdrehungen zu schleudern. Das ist energetisch günstiger, als später dann eine Menge Energie für ein akzeptables Trocknungs-Ergebnis im Wäschetrockner einzusetzen. Dabei ist der günstigste Wäschetrockner immer noch der, den Sie nicht einsetzen: im Sommer sollte die Wäsche auf einem Ständer im Garten oder auf dem Balkon ihre Feuchtigkeit verlieren.
Und auch für Waschmaschinen und Wäschetrockner gilt: wenn das Programm abgelaufen ist, schalten Sie das Gerät aus; ansonsten verbraucht es unnötig Standby-Strom.

Bügeln sollten Sie nur dort, wo es unbedingt notwendig ist: also eher bei Blusen und Oberhemden denn bei Bettwäsche. Sortieren Sie vor Beginn des Bügelns die Bügelwäsche nach der benötigten Temperatur. Starten Sie dann mit den Dingen, die die höchste Bügeltemperatur benötigen und arbeiten Sie sich dann zu den weniger hitzebedürftigen Wäschestücken vor.
Schalten Sie bei Bügelpausen das Gerät aus, indem Sie den Stecker ziehen: das dient nicht nur der Energie-Ersparnis, sondern auch der Brandsicherheit.

Vermeiden Sie beim Staubsauger übervolle/verstopfte Beutel/Filter und undichte Schläuche. Beides setzt die Saugleistung herab und erhöht so den Stromverbrauch.
Energie lässt sich auch dann sparen, wenn Sie statt des Staubsaugers zumindest auf kurzen Teppichen/Teppichböden und glatten Fußböden eine mechanische Kehrmaschine oder einen Besen einsetzen.

Literatur:
http://topprodukte.at/
http://www.energybox.ch/index.aspx
http://www.topten.ch/
http://www.ecotopten.de/produktfeld_waschen.php
http://www.spargeraete.de/
http://www.energiesparende-geraete.de/
http://www.stromeffizienz.de/topgeraete/
http://www.stromeffizienz.de/stromspar-service/tools/waschmaschinen.html

Sparsam Waschen
http://www.washright.com/de/index.html
http://www.forum-waschen.de/
http://uk.cleanright.eu/

9. Vorratsraum

Sie bauen/renovieren

Für die kühle und damit bessere Aufbewahrung der meisten Lebensmittel sollte ein Raum z.B. im nördlichen Teil des Kellers für diese Aufgabe ausgesucht werden. Eine gute Aussenwand-Isolierung erhält ein möglichst gleichmäßiges Raumklima. Eine Heizung, die gelegentlich über das Frostschutz-Minimum aufgedreht wird, wirkt zusammen mit dem regelmäßigen Lüften durch ein kleines Kellerfenster der Schimmelbildung entgegen. Der Vorratskeller sollte dunkel, trocken, frostfrei und möglichst nicht zu warm (> 8° C) sein.

Zur Ausstattung gehört neben Regalen für Marmeladen-Gläser und andere Konserven eine Gefriertruhe (auf die Energie-Klassen A+ oder A++ achten) zur Aufbewahrung der Tiefkühlkost. Die Gefriertruhe ist einem Gefrierschrank unbedingt vorzuziehen, da sie bei vergleichbarer Größe und Nutzung weniger Strom verbraucht. Das liegt nicht zuletzt daran, dass kalte Luft schwerer ist als warme Luft und sich daher beim Öffnen der Gefrierschranktür quasi wie ein Wasserfall aus dem Gefrierschrank auf den Kellerboden ergießt (siehe auch Kapitel „Küche“).
Stellen Sie aber die Gefriertruhe so, dass nicht durch das Kellerfenster eintretendes Sonnenlicht direkt auf die Truhe fällt und sie erwärmt.

Trennen Sie sich bitte von alten Kühlschränken und Kühl-Gefrier-Kombinationen, die quasi als Zweitgeräte in den Vorratsräumen eine Energie verschlingende Existenz als Bierkühler, Vorkühler etc. fristen. Auch wenn diese Geräte in der kühleren Umgebung weniger Energie verbrauchen als in der wärmeren Küche (was meist durch die zu geringe Befüllung ausgeglichen wird), der Gesamtenergieverbrauch ist einfach zu hoch.

In den letzten Jahren sind spezielle Weinkühlschränke in Mode gekommen. Diese Geräte, die ca. Zweidrittel der Energie eines normalen Kühlschranks verbrauchen, sind im Privathaushalt meist überflüssig. Die traditionelle Weinlagerung im kühlen Keller auf Regalen ist normalerweise ausreichend.

Eine interessante neue Methode ist die Lebensmittel-Lagerung in Vakuumdosen. Nach dem Einlegen der Lebensmittel wird der Dosendeckel geschlossen. Anschließend wird mittels einer Handpumpe über ein Ventil die Luft aus der Dose gesaugt, so dass sich die Lebensmittel nicht so schnell zersetzen können.

Neben den Arten der modernen Vorratshaltung gibt es noch die Verfahren einer traditionellen Vorratshaltung, die bis zur Verbreitung der Kühl- und Gefrierschränke allgemein angewendet wurden und naturgemäß keine Energie verbrauchten wie die heutigen Methoden: Kartoffeln für die gesamte Winterzeit wurden in einer großen Kiste („Kartoffelkiste“) eingelagert und zum Schutz gegen Licht, Keime etc. mit einer Lage Zeitungspapier abgedeckt.
Obst (Äpfel, Birnen) wurde luftig auf Holzgestellen gelagert, und von Zeit zu Zeit gewendet, um Druckstellen und Fäulnis zu vermeiden.
Für Wurzelgemüse legte man im Vorratskeller eine Sandkiste an, in die man Möhren, Sellerie etc. hinein steckte, so dass nur noch einige verbliebene kleine Herzblätter hinaus schauten. So konnte man auch Wurzelgemüse über den Winter lagern.
Dazu kommen die Verfahren des Einmachens/Einkochens in Gläsern, die bei richtiger Anwendung manchen Lebensmitteln eine Haltbarkeit über Jahre hin verleihen. Statt wie bei einer Gefriertruhe ständig Energie für die Konservierung zu inverstieren, muss hier nur einmal beim Einkochen Energie aufgewendet werden.

Sie sparen

Öffnen Sie die Gefriertruhe möglichst nur kurz, da auch das Herausheben der Gefrierkörbe etc. zu Kälteverlusten führt. Achten Sie darauf, dass die Gefriertruhe nicht leer, sondern möglichst gut gefüllt ist. Eine leere, d.h. nur mit Luft gefüllte Gefriertruhe hält die Kälte wesentlich schlechter als eine volle.

Wichtig ist das regelmäßige Enteisen der Gefriertruhe, da die Eisschicht im Gerät zu Energieverlusten führt. Moderne Geräte haben meist hierfür auch eine Abtau-Automatik.

Wie für den Kühlschrank gilt auch für die Gefriertruhe: keine heißen oder warmen Speisen in das Gerät packen, sondern das Gefriergut vorher abkühlen lassen. Sehr Energie sparend ist es, wenn man im Winter bei Frosttemperaturen die Lebensmittel bereits auf Terrasse oder Balkon kurz vorfrieren kann.

Legen Sie sich neben der Tiefkühl-Kost auch „normale“ Dosen- oder Glas-Konserven zu. Die sind auch nicht schlechter als das Gefriergut, verbrauchen aber beim Lagern keinen Strom für die Kühlung.

Literatur:

http://www.ecotopten.de/produktfeld_kuehlen.php
http://www.energiesparende-geraete.de/
http://www.spargeraete.de/
http://www.stromeffizienz.de/?id=10817&category=20&bg=DC
http://topprodukte.at/
http://www.energybox.ch/index.aspx
http://www.topten.ch/

10. Fitness-/Wellnessraum

Sie bauen/renovieren

So schön und sinnvoll es ist, dem eigenen Körper öfter mal etwas Gutes zu tun – dem eigenen Geldbeutel kann man dabei erheblich schaden. Wer sich eine eigene Sauna, ein Solarium, einen Whirlpool oder gar ein Schwimmbad leistet, zahlt nicht nur bei der Anschaffung viel Geld. Auch die Betriebskosten werden ihn künftig zu einem „Lieblingskunden" der Energieversorgungsunternehmen (EVUs) machen. Denn ein großes Privat-Schwimmbad lässt sich aus Energiespargründen nicht einmal periodisch sinnvoll heizen – also etwa täglich von 5:00-6:30 Uhr, wenn man es frühmorgens benutzen will. Der Energieverbrauch für das Aufheizen des über Nacht abgekühlten Bades ist viel zu hoch. Die Kosten laufen also praktisch „rund um die Uhr".
Wenn Sie unbedingt Ihr eigenes Schwimm-Revier haben und dennoch Energie sparen wollen, bleibt Ihnen als sparsamste Lösung die Anlage eines ungeheizten, naturnahen Badeteiches [Lit] im Garten für die Sommerzeit. Diese Badeteiche sind auf Grund des mit angelegten Schilfgürtels nicht einmal auf eine Wasserfilter-Anlage angewiesen, damit das Wasser sauber bleibt. Die – wirklich nur – zweitbeste Lösung ist die Anlage einer kleinen, nach Süden ausgerichteten Schwimmhalle, deren Südverglasung genug Sonnenlicht einfängt, um die Heizung der Schwimmhalle zu unterstützen. Die Heizung kann auch durch eine Solarthermie-Anlage unterstützt werden.

Bei Saunen sollten Sie darauf achten, dass der Sauna-Raum Ihren Bedürfnissen entspricht und nicht zu groß ist: meist finden die privaten Saunagänge im kleinen Kreise von zwei bis vier Personen statt. Da wirkt eine Riesensauna nicht nur ungemütlich, sondern kostet auch beim Aufheizen unnötig viel Geld. Die Heizleistung des Saunaofens sollte zur Größe der Sauna passen und nicht überdimensioniert sein – denn sonst bezieht sich das

Sprichwort „viel hilft viel“ vor allem auf die Energie- und Geldverschwendung. Gute, fachliche Beratung kann hier Geld sparen.

Solarien sind nicht nur wegen möglicher Hautschäden umstritten; die Strahlungsliegen sind auch große Stromverbraucher. Achten Sie allerdings beim Kauf nicht nur auf den Energieverbrauch, sondern auch auf die Reparaturmöglichkeiten und die Kosten der Ersatzteile. Wer nicht den tagsüber meist bekleideten ganzen Körper, sondern nur das Gesicht bräunen will, ist mit einer Höhensonne sowohl von den Anschaffungs- als auch von den Unterhaltsosten her besser bedient.
Doch für die meisten Nutzer von Saunen, Solarien und Schwimmbädern gilt: die finanziell günstigste Lösung ist der Besuch von öffentlichen oder kommerziellen Einrichtungen wie Bade-Erlebniswelten etc.

Für die Fitness in den eigenen vier Wänden gibt es neben den altgewohnten Hanteln eine ganze Menge an Geräten: Rudergeräte, fahrradähnliche Heimtrainer, Stepper, Laufbänder. Diese Geräte haben nicht nur in den letzten Jahre immer mehr Anzeigen und Meßfunktionen bekommen, sondern sind auch stromhungrig geworden: bei manchen dieser „Wunderwerke“ ist es nur eine Batterie, die Energie für die Anzeigen liefert; bei anderen treiben Elektromotoren die menschliche Muskulatur zu Höchstleistungen.
Dabei erzeugen Sie, lieber Leser, mit Ihren Muskeln mehr als genug Energie – eigentlich könnte man an jedes dieser Sportgeräte einen Dynamo samt Ladegerät anhängen, um beim Sport ganz nebenbei Akkus von Digitalkameras und MP3-Playern auf zu laden, wie Lade-Zusatzgeräte für das Fahrrad zeigen [Lit]. Und für die meisten Anzeigen täten es auch ein paar in das Gerät integrierte Solarzellen. Aber auf solche Ideen scheinen viele Hersteller gar nicht zu kommen. Daher haben viele Geräte einen eigenen Stromanschluss; sie zapfen bei Benutzung also nicht nur – wie gewünscht – Ihr Fettpolster an, sondern durch den erhöhten Strombedarf auch Ihr Finanzpolster.

Eine originelle Idee setzt dagegen das Fertighaus-Bauunternehmen „SchwörerHaus KG“ bei seinen Effizienshäusern 55 um: es bietet mit dem „SchwörerTrainer“ [Lit] ein Fitnessgerät (Cross-Trainer), mit dem man nicht nur das eigene Fett weg, sondern zugleich das eigene Brauchwasser warm bekommt.
Schauen Sie also beim Kauf von Fitnessgeräten darauf, dass die Geräte keinen Stromanschluss und keine Batterien benötigen.
Ganz am Rande: in früheren Jahrhunderten hat man Hundelaufbänder sogar dazu verwendet, um Energie zu erzeugen.

Sie sparen

Auch im Fitness-Bereich gilt bei den Geräten: Stand-by-Verluste unbedingt vermeiden. Kaum etwas ist unnützer als eine Sauna, die zwar jeden Abend per Zeitschaltuhr angeheizt, aber kaum benutzt wird. Insbesondere während der Urlaubsreise können weiter laufende Zeitschaltuhren zu sinnlosen Energieverschwendern werden. Hier hilft nur eins: Zeitschalter deaktivieren bzw. Stecker ziehen.
Bei längeren Urlaubsreisen in der Sommerzeit kann es sich sogar lohnen, dem eigenen Hallen-Schwimmbad die Heizung abzudrehen, weil die natürliche Wärme durchaus ausreichend ist.

Generell können Sie sich fragen, ob Sie nicht auf Geräte überhaupt verzichten wollen. Bodengymnastik ist auf Geräte nicht angewiesen. Und schließlich wird auch in vielen Sportstudios – neben den üblichen Kraftmaschinen – nichts anderes gemacht, z.B. bei Pilates oder „Bauch, Beine, Po“.

Einige Fachleute wie der Sportwissenschaftler Professor Hans A. Bloss (Pädagogische Hochschule Karlsruhe, seit 2004 emeritiert) meinen sogar ernsthaft, dass man sich ganz ohne Sport fit halten könne: bewusst ausgeführte Hausarbeiten wie Betten ausschütteln, Staubsaugen und Treppen steigen seien ein durchaus sinnvolles Koordinations- und Muskeltraining.
Doch auch bei solchen Tipps ist unter Sparaspekten Vorsicht geboten: stundenlanges Staubsaugen schlägt sich nun mal in der

Stromrechnung nieder. Dann sollten Sie doch lieber die Hausarbeit liegen lassen und hinaus gehen zum Laufen.

Literatur:

Schwimmteiche
http://www.kleinbadeteiche.de

Fahrrad-Lade-Zusatzgeräte
http://www.jawetec.de/index.php?content=bikecharger

„SchwörerTrainer“
http://www.schwoerer.de/de/aktuelles/fit-mit-schwoerer-effizienzhaus/effizienzhaus-55-schwoerer-trainer.php

Hans A. Bloss/ Isabel Bloss: Fit ohne Sport. Ihr Alltag ist Training genug, München 2007

11. Werkstatt

Sie bauen/renovieren

Der heutige Heimwerker verfügt über einen mit Energie gespeisten Werkzeugpark, wie er von 50 Jahren kaum einem mittleren Handwerksbetrieb zur Verfügung stand. Dabei werden mit den Geräten häufig nur kleine Aufgaben erledigt. Während man bis vor 200 Jahre riesige Holzkriegschiffe wie die britische „Victory“ oder die schwedische „Wasa“ nur mit der Hand baute, wird heute bisweilen zum Durchsägen einen schmalen Brettes bereits die Kreissäge angeworfen.

Bevor Sie sich also eine umfangreiche Technikausstattung zulegen, schauen Sie erst einmal, was Sie wirklich benötigen:
Was haben Sie in der Vergangenheit handwerklich gemacht?
Was wollen, was können Sie künftig machen?
Wie oft wollen Sie bestimmte Arbeiten durchführen?
Müssen dazu die entsprechenden Werkzeuge/Maschinen bei Ihnen vorrätig sein, oder können Sie sich einige davon leihen (Baumarkt, Freunde, Nachbarn)? [Lit]
Gibt es Testberichte zu den Maschinen; lohnt es sich, mehr Geld für Profi-Werkzeuge auszugeben? [Lit]

Wenn Sie sich diese Fragen beantwortet haben, kommt die nächste Frage: welche der benötigten Werkzeuge/Maschinen brauchen Sie in einer elektrischen Ausführung? Elektrische Geräte sind aus Gründen der Arbeitserleichterung und Bequemlichkeit in den letzten Jahren immer mehr in Mode gekommen. Damit ist auch der Energieverbrauch in den heimischen Werkstätten gestiegen. Es geht also um die Frage, welche Elektrifizierung wo für Sie sinnvoll ist.
Manche Geräte, die heute in den Markt gedrückt werden – wie etwa der Elektro-Schaber, der Elektro-Fuchsschwanz oder der Elektro-Fliesenschneider – dürften in einer normalen Heim-Werkstatt mehr dem Hersteller als dem Heimwerker dienen.

Sie sparen

Wenn Sie als Heimwerker Energie sparen wollen, können Sie sich vor Ausführung Ihrer Arbeiten überlegen: „Muss ich wirklich für das Brett/Kantholz etc. die Kreissäge anwerfen oder reicht meine Kraft, hier auch eine einfache Handsäge zu benutzen?“ „Soll ich für das eine Bohrloch den Elektrobohrer heraus holen, anschließen und einschalten; oder tut es hierfür auch der Handbohrer?“ „Brauche ich wirklich für das Eindrehen dieser Schraube einen Akkuschrauber?“
In vielen Fällen werden Sie auf die Elektrogeräte verzichten können. Damit vermeiden Sie nicht nur den direkten Energieverbrauch, sondern z.B. auch „Stand-by-Verluste“ in Form von nutzlos weiter laufenden Kreissägen und ähnlichem.

Während sich der Gedanke des Energie-sparens bei vielen Heimwerkern noch nicht durchgesetzt hat, sind doch die meisten große Ressourcen-Sparer: traditionell werden bei der Arbeit übrig bleibende Dinge wie Kleinteile (Schrauben, Haken etc.), Bretter u.s.w. für eine mögliche spätere Verwendung gesammelt. Welcher Heimwerker will schon seine Arbeit unterbrechen und extra zum Baumarkt fahren, nur um sich ein fehlendes Kleinteil zu besorgen?
Auch reparieren viele Heimwerker am und im Haus Schäden am Bau oder defekte Geräte selbst [Lit] und sparen so erhebliche Kosten/Handwerkerrechnungen.
Wenn sich diese Voraus-/Umsicht auch auf das Thema Energie übertragen ließe, wäre auch hier leicht mancher Euro zu sparen.

Literatur:
Geräte leihen
http://de.leihabc.com/

Testberichte und Empfehlungen

http://service2.warentest.de/themen/haus-garten/test/-Billige-Heimwerkergeraete/

Reparieren statt neu anschaffen
http://www.win.steiermark.at/cms/dokumente/10113652_10343237/9a6de175/Kapitel%202-%20Reparieren%20statt%20neu%20anschaffen.pdf

12. Garten

Sie bauen/renovieren

Für die meisten Gartenbesitzer ist ihr Garten die direkte Erweiterung ihres Hauses – als Ruhe- und Erholungsraum, als sommerlich erweitertes Wohnzimmer, als Spiel- und Grillplatz, als Raum für körperliche Betätigung und als Quelle von Früchten und Gemüse. Daneben gibt es z.B. in Deutschland rund eine Million Schrebergärten, die zunehmend von Familien und jüngeren Menschen genutzt werden, selbst wenn sie nicht nahe der Wohnung liegen.

Wie die Entscheidungen beim Bau eines Hauses, so nehmen auch die Entscheidungen bei der Anlage eines Gartens viele künftige Kosten vorweg:
Wer sich z.B. einen Fischteich in den Garten setzt, wird nicht nur auf Dauer Fischfutter kaufen, sondern auch mit den Stromkosten der Umwälzpumpe leben müssen.
Wer große Rasenflächen anlegt, wird eher zum Motormäher greifen als bei kleinen Rasenflächen.
Wer „schicke“ Ziersträucher aus aller Welt in seinem Garten ansiedelt, entzieht nicht nur den einheimischen Vogelarten die Nahrung, sondern nimmt sich auch selbst die Möglichkeit, Obst aus dem eigenen Garten zu genießen.

Wie also sollte man bei der Garten-Anlage bzw. -Umgestaltung vorgehen?

Ihre wichtigste Entscheidung ist, ob Sie einen reinen Ziergarten (große Rasenflächen, Bäume und Sträucher ohne Obst), einen gemischten Nutz- und Ziergarten oder einen reinen Nutzgarten anlegen wollen. Der erste Gartentyp dürfte heute in Deutschland der häufigste, der letzte Gartentyp der seltenste sein, wobei es vor 50 Jahren noch genau umgekehrt war.
Wenn Sie sich für einen Ziergarten entscheiden, sollten Sie zumindest auf die Pflanzung von einheimischen Gehölzen und Blu-

men achten, da die einheimische Tierwelt (Vögel, Insekten) die fremdländischen Pflanzen oft nicht nutzen kann, so dass die Pflanzung ökologisch wertlos ist. „Multikulti“ ist hier nicht erstrebenswert. Auch sollten Sie den Anbau von giftigen Pflanzen wie z.B. Bilsenkraut, Eibe, Engelstrompete, Maiglöckchen, Oleander, Stechapfel und Tollkirsche vermeiden, da diese insbesondere für kleine Kinder höchst gefährlich seien können [Lit].

Wenn Sie sparen wollen, sollten Sie zumindest einen Teil Ihres Gartens als Nutzflächen vorsehen. Dies gilt auch, wenn Sie nur einen Balkon oder Dachgarten [Lit] zur Verfügung haben – schließlich lässt sich auch aus kleinen Flächen eine Menge herausholen. Frische Kräuter, ungespritzte Äpfel vom eigenen Baum, und Erdbeeren, die man nicht kaufen muss, ersparen Ihnen Transporte, Zeit und Geld. Es gibt kaum etwas Unsinnigeres, als wegen einiger Kräuter zum nächsten Supermarkt fahren zu müssen.

Wer sich überwiegend aus seinem eigenen Garten selbst versorgen will, muss allerdings größere Flächen und hinreichend Arbeitszeit zur Verfügung haben: allein für die Versorgung mit Gemüse und etwas Obst sind pro Person bis zu 60 Quadratmeter (qm) einzurechnen, so dass man bei einem 4-Personen-Haushalt rund 250 qm veranschlagen muss. Genaue Flächengrößen sind schwer zu ermitteln; sie hängen von den angebauten Gemüsen ab und ob man z.B. sein Obst von Sträuchern oder hochstämmigen Bäumen bezieht, wobei man unter letzteren weiteres Gemüse anbauen kann.

Für einen solchen Garten müssen Sie pro Woche ca. acht Arbeitsstunden einsetzen.

Wenn Sie allerdings autark leben und auch die Grundnahrungsmittel Kartoffeln und Getreide (Kohlehydrat-Lieferanten) aus eigenem Anbau beziehen wollten, müssten Sie ein Vielfaches der Arbeitszeit und Bodenfläche einsetzen.

Wer die Gestaltung seiner Nutzflächen intensiver und intelligenter betreiben will, sollte sich mit dem Thema „Permakultur" befassen: dabei wird der Garten so angelegt, dass alle Gartenelemente immer zugleich mindestens zwei Funktionen erfüllen, also Obstbäume zugleich auch Schatten spenden für Gewächse, für die grelles Sonnenlicht hinderlich ist. Permakultur ist eine Kombination vielfältiger Erfahrungen und Überlegungen, weshalb hier nicht auf Einzelheiten eingegangen werden kann. Wer sich mit dem hochinteressanten Thema vertraut machen will, greife zu entsprechenden Büchern. Hierbei sind besonders Werke von den beiden australischen Erfindern der Permakultur zu empfehlen [Lit].

Ihr Garten braucht – zumindest an mehreren Seiten – eine Einfriedung als Wind-, Lärm- und Sichtschutz. Neben Mauern, Holzblenden, einem Thermosolar-Zaun für die Wärmepumpe (s.o.) und anderen festen/toten Lösungen kommen hier verschiedene Hecken in Frage. Schnellwachsende Typen wie Ligusterhecken haben den Nachteil, dass man zur Arbeitserleichterung letztlich doch zur Elektro-Heckenschere greift. Langsamer wachsende Typen wie Buchenhecken beanspruchen auf Dauer nicht nur sehr viel Gartenplatz, sondern lassen wegen ihres harten Holzes beim „Pflegepersonal" auch langsam den Wunsch nach einer Motor-Kettensäge wachsen. Eine Alternative sind Hecken aus Hagebutten, Haselnussbüschen, Schwarzem Hollunder, Schlehen, Weißdorn, Brombeern und Himbeeren, die sich durch einen massiven Zaun und zusätzlich Holzpfähle etc. abstützen lassen. Diese Hecken bieten mit ihren Früchten den Einstieg in einen „leckeren Garten" und können einfach mit einer Gartenschere gepflegt werden.

Was die Bepflanzung des Gartens anbelangt, so sind, wie gesagt, schon aus ökologischen Gründen (Nahrung für Vögel und Insekten) einheimische Bäume und Sträucher vorzuziehen. Zudem besteht die Gefahr, dass bei Billigimporten von Pflanzen aus dem

Ausland auch Schädlinge mit eingeschleppt werden, deren Bekämpfung wiederum Kosten verursacht.
Laubbäume sind Nadelbäumen generell vorzuziehen, da letztere zumeist als Flachwurzler weniger windstabil sind und unter ihrem Nadelregen viele Pflanzen nicht gedeihen. Achten Sie aber auch darauf, nur solche Laubbäume anzupflanzen/wachsen zu lassen, deren Blätter leicht verrotten und damit kompostierbar sind. Dagegen müssen z.B. bei Eichen und Buchen die verrottungsresistenten Blätter über die Müllabfuhr entsorgt werden, was in manchen Gemeinden zu zusätzlichen Kosten führen kann. Auch werden diese Bäume in manchen deutschen Städten ab einer gewissen Größe von den Naturschutzämtern unter Naturschutz gestellt, was z.B. den Einsatz einer Solaranlage verhindern kann.
Achten Sie generell darauf, dass die Bäume nicht so hoch werden, dass sie große Teile des Gartens oder der Solartechnik verschatten. In den meisten Fällen sind hier Obstbäume (Hochstämme!) der beste Kompromiss: sie werden nicht so groß wie Eichen oder Buchen, bieten aber immer noch im Sommer hinreichend Schatten; sie produzieren selbst Obst, lassen aber auch die Anpflanzung kleinerer Sträucher oder die Anlage von Beeten unter ihrem Kronendach zu.
Beerensträucher, Erdbeeren etc. lassen sich kostengünstig aus Ablegern/Setzlingen ziehen oder auf Pflanzen-Tauschbörsen finden.

Jetzt kommt die Frage nach der Gestaltung der Grünflächen. Sie können einen Rasen oder eine Wiese anlegen. Ein Rasen muss alle zwei bis drei Wochen gemäht werden. Zudem müssen Sie, je nach Lage und Umfeld, in Dünger und Unkrautvertilger investieren. Dafür ist der Rasen dann sehr strapazierfähig und hält auch häufigeres Fußballspielen etc. aus.
Eine naturbelassene Wiese braucht nur zwei bis drei Mal im Jahr gemäht zu werden; sie ist günstiger in der Anlage (Gras- und Kräutersamen vom Wegesrand) und benötigt keinen Dünger oder Unkrautvertilger. Andererseits ist sie gegenüber Dauerbelastun-

gen (Fußball, Plantschbecken) nicht ganz so widerstandsfähig. Im Allgemeinen wird die Wiese die sparsamere Lösung sein, aber hier geht es für viele Gartenbesitzer auch um das Aussehen und den Geschmack.

Das Thema „Fischteich im Garten“ haben wir bereits oben angesprochen; wenn Sie eine Wasserfläche oder einen Swimmingpool im Garten haben wollen, dann ist ein Naturbadeteich/Schwimmteich [Lit] vorzuziehen: er benötigt keine Umwälzpumpe, keine Filter, kein Fischfutter. Wenn Sie dennoch einen plätschernden Springbrunnen haben und/oder den Sauerstoffgehalt des Wassers etwas anreichern wollen, genügt ein Solarspringbrunnen oder ein kleiner Savonius-Rotor mit Pumpe.

Noch ein Wort zum Thema Stein(Wege) im Garten: wenn Sie vorwiegend dunkle Steine einsetzen, fällt eine leichte Vermoosung nicht so stark ins Auge und Sie sind nicht so in der Versuchung, einen Hochdruckreiniger einzusetzen. Außerdem tauen dunkle Plattenwege im Winter nach leichtem Schneefall schneller ab. Das senkt die Rutschgefahr und erspart Ihnen teilweise Streugut. Das Gleiche gilt übrigens für Wege mit einem Mulch- bzw. Baumrindenbelag, die noch dazu den Vorteil haben, billiger zu sein als die Steinplattenwege.

Zu jedem Garten gehört ein Komposter/Kompost-Haufen: er erspart Ihnen eine überfüllte Hausmülltonne oder eine gesonderte Biomülltonne; er verschafft Ihnen kostenlosen Kompost als frischen Dünger für Ihre Beete und Blumenkästen.

Ebenfalls sollte in Ihrem Garten, so genügend Platz vorhanden ist, ein Gewächshaus stehen, und sei es nur ein kleines Exemplar. Sie können es zur frühen Anzucht von Setzlingen oder zum Schutz von witterungsempfindlichen Kübelpflanzen verwenden. Auch lassen sich dort in der Winterzeit Gartenmöbel unterstellen oder die Holzvorräte für den Kaminofen schneller trocknen.

Wer keinen eigenen Garten hat, besitzt in den meisten Fällen zumindest einen Balkon, der eine Vielzahl von Gestaltungsmöglichkeiten bietet: Blumenkästen am Außengeländer vergrößern praktisch die Balkonfläche ebenso wie Pflanzkübel/Blumenkästen in Regalen. „Hängende Gärten“ mit Hängekörben bzw. „Ampeln“ bieten weitere Pflanzmöglichkeiten [Lit]. Es gibt sogar kleine Balkongewächshäuser.
Zur Bepflanzung eignen sich Säulenobst-Bäume in Kübeln sowie für die Kästen Erdbeeren und nicht so tief wurzelnde Gemüsesorten wie Radieschen, bestimmte Möhren, Salat, Gurken, Kartoffeln. Selbstverständlich können hier auch viele Küchenkräuter gezogen werden [Lit].
Wem als Wohnungsbesitzer der eigene Balkon nicht reicht, hat die Möglichkeit, sich einen Schrebergarten zu pachten. Allerdings liegt die Jahrespacht bei bis zu 500,-- Euro; dazu kommen natürlich die Fahrtkosten von der Wohnung zum Schrebergarten und zurück. Daher sollte der Schrebergarten schon mehr als nur an zwei Wochenenden im Jahr genutzt werden.

Kommen wir zur Geräteausstattung des Gartens.
Es gibt Hobbygärtner, welche über eine solche Vielzahl an Maschinen verfügen, dass selbst manche gestandenen Landwirte neidisch werden könnten: Motor-Mäher, -Vertikutierer und -Kantenschneider, Akku-Rasentrimmer, Abflammgeräte, motorisierte Kehrmaschinen für Rasen und Pflasterwege, Laubsauger oder -bläser, Motor-Häcksler und -Holzspalter, Motorhacken, Motorsägen, Motor-Heckenscheren, Akku-Astscheren, ja selbst Akku-Handstreugeräte (!) und einiges mehr.

Die meisten dieser Maschinen sind völlig überflüssig, wenn Sie Ihren Garten gut geplant und mit Verstand angelegt bzw. umgestaltet haben. Bei großen Gärten von über 2000 qm Fläche und mit viel altem/hohem Baumbestand ist das natürlich anders. In einem normalen Garten reichen fast immer die mechanischen Alternativen, die weder Strom noch Benzin verbrauchen.

So benötigt man normalerweise Motor-Heckenscheren und Akku-Astscheren nur bei schnell wachsenden Hecken und vielen großen Bäumen mit starken Ästen – bei den oben vorgeschlagenen Fruchthecken und einzelnen Obstbäumen sind sie dagegen unnötig.
Richtige Motorsägen stammen aus der industrialisierten Forstwirtschaft; sie sind häufiger für den professionellen Baumpfleger als für den Privatmann nützlich. Auch auf die Elektromotorsägen kann der private Gartenbesitzer zumeist verzichten und besser zu einer guten Säge greifen – sollten Sie mal wirklich eine Motorsäge brauchen, können Sie sich die in vielen Baumärkten oder Gartencentern auch leihen. Das gilt ebenso für Motor-Häcksler und -Holzspalter. Wobei Sie sich die Leihgebühren meist sparen können, wenn Sie sich einen Handhäcksler [Lit] und einen guten Spalthammer anschaffen und das Häckseln/Holzspalten als Sportersatz betrachten. Zudem gibt es auch manuelle/mechanische Holzspalter, einige sogar mit Fußbetrieb [Lit].

Elektro-Motorhacken (Leistung: bis ca. 1300 Watt) sind die neueste Großgerät-Mode im Privatgarten. Sie sollen die Beete bequem Hacken, Jäten, Umgraben. Wozu aber rund 100 Euro oder mehr investieren, wenn es in den meisten Fällen eine einfache Stilhacke und ein Dreizack auch tun. Und ob man seine Beete umgraben soll, darüber streiten sich die Geister: selbst in der Landwirtschaft gibt es Fachleute, die sich für eine Bodenbearbeitung ohne Pflug stark machen [Lit].

Eine „handbetriebene“, mechanische Kehrmaschine zum Schieben ist besser als die Energie fressenden Laubsauger/-bläser bzw. motorisierte Kehrmaschinen. Die handbetriebenen Exemplare sind in der Regel nicht nur billiger in der Anschaffung, sondern auch im Betrieb. Sie haben zudem eine Einsatzreichweite, die über eine Elektro-Kabellänge im Umkreis der Steckdose hinaus geht.

Auch die mit Gas betriebenen Abflammgeräte kommen aus der Landwirtschaft, wo sie auf Ackerflächen zur Unkrautvernichtung eingesetzt werden (dort haben sie vielleicht, mit Biogas betrieben, auch weiterhin eine Existenzberechtigung). Rund ums Haus benutzt man Abflammgeräte meist auf Plattenwegen, um das Unkraut zwischen den Steinen zu beseitigen. Das Gas muss in Kartuschen besorgt werden; es kostet also Zeit und Geld, zudem belastet die Verbrennung die Umwelt. Nicht besser sieht es mit chemischen Unkrautvernichtern aus.
Wenn man das Unkraut nicht zwischen den Steinen herauskratzen will, besorgt man sich eine schwarze Folie (z.B. im Baumarkt) und legt sie an schönen (Sommer-)Tagen über die entsprechenden Platten. Die Folie nimmt den Pflanzen das notwendige Sonnenlicht, die Hitze unter dem schwarzen Plastik vernichtet das Unkraut. Eine weitere Alternative wäre der Einsatz eines großen Brennglases.
Vielleicht kommen die Techniker der Gartengeräte-Firmen auch irgendwann auf die Idee, einen kleinen Wagen mit Solarkollektor zu entwickeln, der umweltfreundlich Heisswasser-Dampf erzeugt und mit dem man es gezielt auf das Unkraut „aufdampfen“ kann – Heisswasser-Dampf eignet sich nämlich zur Unkrautvernichtung.

Auch bei der Rasenpflege lässt sich durch die richtige Technik eine Menge sparen. Für das Vertikutieren sollten Sie sich eine (Spezial-)Harke anschaffen. Für das Rasenmähen ist ein handbetriebener mechanischer Rasenmäher mit Auffangkorb ideal, wie ihn die großen Markenhersteller produzieren. Er bietet viele Vorteile: die stromlosen Geräte sind auch bei Regen gut einsetzbar; Sie brauchen kein Kabel zu kaufen und auch kein zermähtes Kabel zu ersetzen; Sie brauchen nicht auf Kabellängen Rücksicht zu nehmen; Sie sparen Strom; die Arbeit des Zusammenharkens des Mähgutes nimmt Ihnen der Auffangkorb ab; der mechanische Rasenmäher ist platzsparender zu verstauen als ein Elektro- oder Motormäher.

Achten Sie beim Kauf eines mechanischen Rasenmähers allerdings darauf, dass er keine zu schmale Schnittbreite hat und dass der Auffangkorb zur Schnittbreite passt: bisweilen fertigen die Firmen einen Auffangkorb für mehrere Mähergrößen, so dass zwischen Mäher und Auffangkorb Lücken entstehen, aus denen das Mähgut heraus fällt.

Im weitesten Sinne zur Gartentechnik gehört auch eine neue Mode-Erscheinung, die vorwiegend auf Terrassen und Balkonen eingesetzt wird: die gasbetriebenen „Heizpilze" und Infrarot-Heizlampen. Die Gas-Heizer haben durchaus eine Leistung von 13 kW (13.000 Watt); bei einem täglichen Betrieb von zwei Stunden können sie pro Woche eine Flasche Propangas verbrauchen. Mit einem Kohlendioxid-Ausstoss von über drei Kilogramm pro Stunde belasten sie nicht nur den Geldbeutel, sondern auch die Umwelt. Nicht viel besser sind die Infrarot-Heizlampen; sie kommen auf eine elektrische Leistung von 1300 Watt. Das entspricht mehr als 100 mittleren Energiesparleuchten; um diese Leistung selbst zu erzeugen, müssten ca. 10 Sportler auf Trimmfahrrädern dauerhaft kräftig in die Pedale treten.
So ist es allemal kostengünstiger, sich in der kalten Jahreszeit mit einer Kanne Glühwein und ein paar dicken Decken nach draußen zu setzen.

Und wer beim Grillen/Kochen im Garten auf Holzkohle und Strom verzichten will, kann sich nach einem Solar-Grill/Solarofen umschauen [Lit]. Neben einigen funktionierenden Produkten gibt es aber hier immer noch viel mehr Projekte ohne wirkliche Praxistauglichkeit.

Sie sparen

Selbst wenn Sie eine umfangreiche Technikausstattung für Ihren Garten erworben oder geerbt haben, so sind Sie noch lange nicht gezwungen, Ihre Maschinentechnik auch einzusetzen. Der Griff

zum Handmäher oder zur Handsäge ist nicht nur eine körperlich-sportliche Betätigung, er spart zugleich noch Geld.
Wer einmal bei Dunkelheit im Garten eine Elektro-Motorsäge eingesetzt und dabei erlebt hat, dass sich die ganze Außenbeleuchtung des Hauses schlagartig verdunkelte, der hat einen deutlichen Eindruck von den Energiemengen, die ein solches Gerät „ziehen" kann.

Wie bereits beim Thema Wasser angeführt, sollte Ihr Garten zumindest über eine Regentonne verfügen. Diese Tonne sollte nicht nur das Regenwasser vom Hausdach, Dach des Carports etc. auffangen, sondern Sie können hier auch leicht verschmutztes Trinkwasser, z.B. vom Waschen des Gemüses und Obstes, eingeben. Wasser können Sie auch dadurch sparen, dass Sie statt eines Rasensprengers oder einer Beregnungsanlage eine Gießkanne verwenden. So können Sie sparsam und punktgenau Ihre Pflanzen bewässern, während das daneben wachsende Unkraut leer ausgeht.

Wer seinen Komposthaufen oder Schnellkomposter richtig nutzt, kann sich den Kauf von Blumenerde und Dünger sparen. Deshalb sollten Sie Pflanzenreste (Blätter von Wurzelgemüse, Kartoffel- und Zwiebelschalen etc.) auf dem Kompost und nicht in der Mülltonne entsorgen. Fleisch- und Wurstreste, Soßen etc. gehören selbstverständlich nicht auf den Komposthaufen.

Viele Gärten verfügen zwar über schöne, alte Obstbäume, aber im Herbst verfault das Obst dann ungenutzt an den Ästen oder landet im besten Fall auf dem Komposthaufen. Sie sollten versuchen, Ihr Obst und Gemüse möglichst vollständig zu verwerten – durch Einfrieren, Einmachen, Dörren, Tauschen etc. Das erspart nicht nur Ihnen Geld, sondern schont auch die Umwelt, die durch Obsttransporte rund um den Globus nicht unerheblich belastet wird.

Wer keinen Garten hat oder wem die Produkte (Obst, Gemüse, Kräuter) aus dem eigenen Garten nicht reichen, findet in der Natur bei einem sonntäglichen Ausflug jede Menge kostenloser Gaben für seinen Esstisch: Pilze aus dem Wald, Früchte vom Feld- und Kräuter vom Wiesenrand. Hier kann man meist problemlos testen, welche Früchte (z.B. Brombeeren, Schlehen) einem selbst schmecken und sich ggf. auch für die Gestaltung des eigenen Gartens eignen.

Literatur:

Informationszentrale gegen Vergiftungen
http://www.meb.uni-bonn.de/giftzentrale/

Dachgarten
http://www.dachgaertnerverband.de/

Permakultur
z.B.: Bill Mollison / David Holmgren: Permakultur – Landwirtschaft und Siedlungen in Harmonie mit der Natur, 2. Auflage Schaafheim (pala-verlag) 1984. (eine ausführlichere Buchbesprechung dieses Werkes findet sich unter
http://www.finetech.net/dbooks.html#permakultur01)

Schwimmteiche
http://www.kleinbadeteiche.de/

Hängende Gärten
http://www.mdr.de/mdr-garten/5479412.html

Natalie Faßmann: Mein Naschbalkon: Gemüse, Kräuter & Obst, Stuttgart 2008, 120 Seiten

Handhäcksler von Heiner Steenbock
http://www.gryzon.de
Handhäcksler der Firma Ering GmbH
http://www.ering.de

Holzspalter „Smart-Splitter“ von AGMA
http://www.agma.se/
Holzspalter mit Fußbetätigung der Fa. Büche Maschinentechnik
http://www.kipor-stromerzeuger.de/?Werkzeuge:Holzspalter%2C_manuell

Bodenbearbeitung ohne Pflug
http://www.gkb-ev.de/
http://www.pfluglos.de/

Solargrills/Solarkocher
http://www.sun-and-ice.de/
http://www.eg-solar.de/d_home.htm
http://www.tuvie.com/helios-grill-transforms-sunlight-into-heat-to-grill-your-food/
http://solarcookers.ning.com/
http://solarcooking.wikia.com/wiki/Manufacturers_and_vendors
http://www.globosol.ch/gs/solargeraete_parabol.htm

13. Verkehrsmittel

Der heutige Mitteleuropäer hat eine Vielzahl von Verkehrsmitteln zu Verfügung, unter denen er ganz nach seinen Bedürfnissen wählen kann: privat oder öffentlich, motorisiert oder nicht, für Lang- oder Kurzstrecken, zu Lande, zu Wasser und in der Luft. Die folgenden Seiten konzentrieren sich bewusst auf die Alltagsnutzung, d.h. Nah- und Regionalverkehr sowie Freizeitnutzung. Der Fern- und Flugverkehr wird also nicht behandelt.

Sie kaufen/nutzen

Fahrrad:

Das wichtigste Verkehrsmittel beim Energie-, Ressourcen- und Geldsparen ist nicht das Auto, sondern das Fahrrad. Günstig in Anschaffung und Reparatur, keine Zinsverluste durch Bindung grosser Geldbeträge und kein hoher Wertverlust, kein Spritverbrauch, keine Steuern und Versicherungen, aber körperliches Fitness-Training – bei dieser Vielzahl an Vorteilen können auch die geschicktesten Autokonstrukteure nicht mithalten.

Das Fahrrad gibt es in den verschiedensten Ausführungen, auch zugeschnitten auf spezielle Bedürfnisse:

Lastenräder [Lit] für den häufigen Transport von Kisten etc.;

Liegeräder [Lit] mit ca. 30 Prozent niedrigerem Luftwiderstand für schnelle Langstreckenfahrten ohne schmerzende Po-Muskulatur;

Dreiräder/Trikes [Lit] als sportliche Alternative für Schnelligkeit und Standsicherheit;

Muskelkraft-Fahrzeuge (Velomobile) [Lit] mit Vollverkleidung und Wetterunabhängigkeit.

Dazu kommen Fahrrad-Anhänger [Lit] für Kinder, Gepäck etc., die die Nutzungsmöglichkeiten des Fahrrads erweitern.

Für schwächere Menschen gibt es sogar zusätzliche Elektromotore, die bei Steigungen zusätzliche Kraft verleihen; allerdings sind Fahrräder mit Hilfsmotor rund 20 Kilo schwerer, sowie in

der Anschaffung und Unterhalt teurer als ein normaler „Drahtesel“.
Schauen Sie also, ob nicht ein Fahrrad für Sie eine Alternative zum (Zweit-)Auto ist.

Bus und Bahn:
Bevor Sie sich eine Dauerkarte für Bus und Bahn kaufen, überlegen Sie, ob Sie Ihre Strecken nicht auch mit dem Fahrrad zurück legen können. Denn mag auch der von seinen Fans viel gepriesene ÖPNV (Öffentlicher Personen-Nah-Verkehr) gegenüber dem Auto eine Menge (Kosten-)Vorteile haben – mit dem Fahrrad kommt er in vielen Fällen nicht mit. Abfahrtzeiten und Streckenführungen erzwingen teilweise Umwege, die man mit dem Fahrrad gut abkürzen könnte.
Ansonsten hat die Dauerkarte für Bus und Bahn den Vorteil, dass die Kosten hier im Gegensatz zum Auto überschau- und planbar bleiben: keine überraschenden Reparaturen und teuren Wartungen, keine kostspieligen Erhöhungen der Versicherungsprämie nach Unfällen. Vor allem aber haben Sie hier keine hohen Anschaffungskosten und keinen Wertverlust. Rechnen Sie einfach nach: statt ein Auto zu kaufen, legen Sie Ihre dafür vorgesehenen 20.000 Euro mit einer jährlichen Verzinsung von drei Prozent auf die Bank. Von den anfallenden Zinsen (€ 600,--) können Sie 12 Monatskarten a 50 Euro finanzieren – ein durchaus realistischer Wert – und haben nach Abschluss des Jahres Ihr Geld immer noch bei nur geringen Inflationsverlusten. Ein Neuwagen hingegen verliert im ersten Jahr durchaus schon mal 30 Prozent seines Wertes.

Auto:
Wer sich trotz allem für ein Auto entscheidet, sollte sich zuallererst die Frage stellen: wie oft brauche ich das Auto wirklich? Denn wer nur gelegentlich ein Auto braucht, fährt meist günstiger mit Taxen und Mietwagen. Darüber hinaus gibt es Carsharing(-Vereine) [Lit] vor allem in den großen Ballungszentren.

Wenn Sie häufig das eigene Auto zur Verfügung haben müssen, stellt sich die zweite Frage: was für ein Auto brauchen Sie? Denn wenn Sie ein gegenüber Ihren Bedürfnissen zu großes Auto kaufen, müssen Sie auch Dauer höhere Steuern, Versicherungen und Wertverluste hinnehmen. Insbesondere die Wertverluste [Lit] sind erheblich; sie liegen prozentual meist bei Oberklasseautos und Geländewagen am höchsten, bei Kleinwagen und Cabrios am niedrigsten.
Generell ist es wichtig, die künftigen Kosten zu berechnen, bevor man sich für ein Auto entscheidet. Hilfe bieten dabei verschiedene Seiten im Internet [Lit].

Wenn also z.B. ein älteres Ehepaar dreimal im Jahr mit Kindern und Enkeln einen Tagesausflug machen will, ansonsten aber nur zu zweit kurze Strecken fährt, dann wäre der Kauf eines Vans reine Geldverschwendung. Insgesamt sparsamer ist es, wenn sich das Ehepaar einen Kleinwagen leistet und für den Ausflugstag extra einen Van mietet.

Haben Sie z.B. häufiger sperrige Dinge zu transportieren oder fahren Sie als vierköpfige Familie meist mit dem Auto in den Urlaub? Dann käme vielleicht ein Kombi in Frage. Der verbraucht zwar meist etwas mehr als der gleiche Typ in Coupe-Version, aber bei häufiger Nutzung des Kombis als Transportmittel könnten Sie mit der denkbaren Alternative „Coupe im Alltag plus Miet-Kombi für spezielle Transporte“ nur Geld verlieren.

Ist Ihr Auto nur ein Nutzobjekt, oder dient es auch als Statussymbol oder als Freizeitobjekt?
Statussymbole sind schon in der Anschaffung teurer – schließlich wollen viele mit dem eigenen Auto ihr persönliches Ansehen in der Gesellschaft steigern. Wie bei allen Autokäufen stehen Sie hier vor der Entscheidung: muss es ein Neuwagen sein, oder tut es auch ein Gebrauchter. Sollte das letztere der Fall sein, können Sie zumindest bei der Anschaffung eine Menge Geld sparen – Steuern und Versicherungen bleiben ja meist gleich. In Deutsch-

land ist es allerdings möglich, Oldtimer mit einem H-(Kfz)-Kennzeichen versehen zu lassen. Diese Oldtimer erhalten eine Steuerermäßigung und dürfen trotz schlechter Abgaswerte auch in städtische Umweltzonen einfahren. Wenn Ihr Oldtimer nicht zu viele Ersatzteile braucht und Sie Reparaturen meist selbst ausführen können, kann diese Lösung auch finanziell interessant sein.
Wer sein Auto als Freizeit- und Spaßobjekt sieht, sollte sich überlegen, ob er statt zu einem Sportwagen mit großem Hubraum nicht besser zu einem Cabrio mit weniger Hubraum greift. Das spart nicht nur Steuern, sondern bremst auch den Wertverlust: Cabrios haben im Allgemeinen einen besseren Wiederverkaufswert als Limousinen. Doch auch der Cabrio-Fan kommt um eine Entscheidung nicht umhin: neu – oder darf es auch gebraucht sein?

Die nächste Entscheidung betrifft bereits eine Ausstattungs-Variante des Autos, nämlich die Antriebsart. Denn als Alternative zu den klassischen Energieträgern Benzin und Diesel für Otto- und Dieselmotore gibt es inzwischen einige Energieträger und auch einige Motorenarten mehr. Die meisten der entsprechenden Motorauslegungen lassen sich bereits ab Werk so ordern; aber auch gebrauchte Fahrzeuge können entsprechend umgerüstet werden.

Für Otto-Motore gibt es als Kraftstoffe neben dem Benzin auch Alkohol (Ethanol), Autogas und Erdgas. Wo hierfür Umrüstungen des Fahrzeugs notwendig sind, sollte man diese unbedingt von einer Fachwerkstatt durchführen lassen, da mögliche Motorschäden meist teurer werden als eine fachgerechte Umrüstung.

Alkohol/Ethanol [Lit] als Kraftstoff wird in großem Umfang seit 30 Jahren in Brasilien eingesetzt, so dass die Technik inzwischen Standard ist. Herkömmliche Benziner müssen allerdings umgerüstet werden, insbesondere auch, weil der Alkohol manche Kunststoffteile angreift. In Deutschland gibt es inzwischen ein noch relativ dünnes Tankstellen-Netz – Tankstopps müssen meist bewusst eingeplant werden. Dafür wird der Alkohol aus (heimischer) Biomasse/landwirtschaftlichen Produkten gewonnen und dürfte damit eine höhere Versorgungs-/Preis-Sicherheit bieten als importiertes Mineralöl oder Erdgas. Allerdings steht, wie bei vielen Biokraftstoffen vom Feld, die Ethanolproduktion in Konkurrenz zur Nahrungsmittelproduktion: je mehr Autos den Biotreibstoff tanken, desto mehr Flächen werden für den Anbau der entsprechenden Pflanzen gebraucht und auf desto weniger Flächen können Nahrungsmittel angebaut werden, so dass die Nahrungsmittelpreise steigen. Algen-Farmen könnten dieses Problem vielleicht künftig etwas entschärfen.

Autogas (LPG =Liquefied Petroleum Gas, international: GPL) [Lit] ist als Raffinerie-Abfallprodukt eine Mischung aus den verflüssigten Gasen Butan und Propan. In Deutschland ist dieser Treibstoff vor allem deshalb interessant, weil er durch das Energiesteuergesetz bis Ende 2018 steuerlich begünstigt wird und daher weniger kostet. Um diesen Vorteil nutzen zu können, muss man die meist höheren Werkspreise für eine Autogas-Anlage akzeptieren, oder den Gebrauchtwagen umrüsten (Kosten: > 1500,-- €), wobei für den zusätzlichen Gastank meist ein Teil des Kofferraums oder der Platz für das Reserverad benötigt wird. Der Gastank hat mit maximal 10 bar einen erheblich geringen Betriebsdruck als ein Erdgastank. Wegen des – vor allem auch im Ausland – noch relativ dünnen, aber wachsenden Tankstellennetzes sind die Autogas-Fahrzeuge meist auf bivalenten Antrieb ausgelegt, d.h. der Benzintank bleibt erhalten und der Motor schaltet beim Starten und bei leerem Flüssiggas-Tank automatisch auf ihn um.

Erdgas-Fahrzeuge [Lit] fahren mit verflüssigtem Erdgas, das in einem unter hohem Druck (ca. 300 bar) stehenden Tank – meist im Kofferraum des Autos – lagert. Viele Fahrzeugmodelle gibt es bereits ab Werk mit Erdgas-Antrieb, andere können nachgerüstet werden. Wie bei den Autogas-Fahrzeugen, so sind auch beim Erdgas mono- oder bivalente Antriebe möglich, d.h. das

Fahrzeug wird nur mit Erdgas betrieben oder wahlweise mit Erdgas und Benzin. Bei Erdgas gibt es zwei Gasqualitäten: H(igh)-Gas und L(ow)-Gas, wobei nicht jede Erdgas-Tankstelle beide Qualitäten führt. Die Zahl der Erdgas-Tankstellen beträgt dabei nur ca. ein Fünftel der Autogas-Tankstellen, wächst aber ebenfalls. Die Umrüstung auf Erdgas ist meist teurer als die auf Autogas; sie rentiert sich im allgemeinen nur bei hohen Kilometerlaufleistungen. Ebenso wie beim Autogas lohnt sich Erdgas nur wegen der bis Ende 2018 befristeten Steuerermäßigung.

Biogas (auch als „Bio-Erdgas“ und „Kompogas“ bezeichnet) [Lit] besteht überwiegend aus Methan und entsteht durch die mikrobiologische Zersetzung von Biomasse/Energiepflanzen. In Deutschland wird es meist in Biogasanlagen verstromt, in der Schweiz in einer Mischung mit Erdgas problemlos als „Naturgas“ an Tankstellen angeboten. Generell ist das Angebot von Biogas noch viel zu gering, um selbst die geringe Zahl der heutigen Erdgasfahrzeuge zu betanken.
Als die Vorläufer von Biogasfahrzeugen können in gewisser Weise die alten Holzvergaser-Autos [Lit] gelten.

Für Diesel-Motore gibt es als Kraftstoffe neben dem herkömmlichen Diesel auch Biodiesel, Pflanzenöl und BTL. Auch hier gilt: entsprechende Umrüstungen nur in der Fachwerkstatt durchführen lassen!

Biodiesel [Lit] wird aus Pflanzenölen (Raps) und tierischen Fetten gewonnen, indem diese in einem chemischen Verfahren mit Methanol „verestert“ werden. Gegenüber herkömmlichen Dieselfahrzeugen müssen die Motoren umgerüstet werden, da der Biodiesel bestimmte Kunststoffe angreifen und manche Einspritzdüsen verstopfen kann. Heute wird Biodiesel zu einem geringen Prozentsatz dem herkömmlichen Diesel beigemischt.
Reiner Biodiesel kann, bei entsprechender steuerlicher Förderung, durchaus eine interessante Alternative sein. Ein Ersatz des Diesels aus Mineralöl durch Biodiesel wird flächendeckend nicht

möglich sein, da in Deutschland ganzjährig ca. 10 Quadratmeter Ackerland zur Herstellung von nur 1,5 Litern Biodiesel benötigt werden. Außerdem ergeben sich hier die gleichen Konflikte mit der Nahrungsmittelproduktion wie beim Ethanol.

Pflanzenöl [Lit] kann aus verschiedenen ölhaltigen Pflanzen gewonnen werden; während einige wie Raps, Sonnenblumen und Soja in Konkurrenz zu Nahrungsmitteln stehen, gibt es mit der Jatropha-Pflanze auch eine in dieser Hinsicht unproblematische Quelle. Pflanzenöl ist deutlich dickflüssiger als Diesel und schwerer entzündlich. Daher sind auch hier in jedem Fall Umbauten am Auto nötig. Meist ist der Antrieb bivalent, d.h. es wird mit Diesel gefahren, bis der Motor eine bestimmte Betriebstemperatur erreicht hat, und erst dann wird automatisch auf Pflanzenöl umgeschaltet. Das Tankstellen-Netz ist extrem dünn; dafür lässt sich das Fahrzeug aber auch mit Sonnenblumenöl vom Discounter betreiben.
Als Naturprodukt ist Pflanzenöl nicht von kurzfristigen Schwankungen der Mineralölmärkte oder gar von einen möglichen Erdöl-Embargo betroffen.

BTL-Kraftstoffe (= Biomass to Liquid) [Lit] werden in verschiedenen Syntheseverfahren aus Biomasse hergestellt, nutzen also die ganze Pflanze - im Gegensatz zum Biodiesel, der nur aus dem Pflanzenöl hergestellt wird. Bei den BTL-Verfahren lassen sich sogar Pflanzenabfälle, Altholz etc. verwenden. Bisher gibt es nur Pilotanlagen; mit einer breiten Einführung ist allerdings schon in den kommenden Jahren zu rechnen. Dann ist es möglich, dass Diesel-Fahrzeuge den Kraftstoff auch ohne große Veränderungen am Motor werden tanken können.

Neben den reinen Otto- und Dieselmotoren gibt es inzwischen auch einige weitere Antriebsarten:

Hybrid-Autos [Lit] haben als Antrieb eine Kombination zweier Antriebssysteme; ein Antriebssystem ist dabei ein Elektromotor

mit dazu gehörigen Akkus, das zweite System ist meist ein Otto- oder Dieselmotor. Diese Kombination hat gegenüber den gewöhnlichen Otto- und Dieselmotoren den großen Vorteil, dass sich mit Hilfe des Elektromotors beim Bremsen ein Teil der Fahr-Energie zurück gewinnen lässt: der Elektromotor wirkt dann als Generator (Stromerzeuger) und speichert die (rück-)gewonnene Energie in den Akkus, von wo sie z.B. beim Anfahren wieder abgerufen werden kann. Trotz des höheren Gewichts durch die zwei Antriebssysteme lässt sich damit Sprit sparen.
Dabei gibt es den Hybrid in verschiedenen Auslegungen/Versionen:
Erstens mit starkem Benzinmotor und schwachem Elektromotor wie z.B. beim Honda Insight. Der Benzinmotor treibt praktisch den Wagen; der Elektromotor dient nur als Energie-Rückgewinner beim Bremsen und als Unterstützung beim Beschleunigen.
Zweitens mit zwei etwa gleich starken Motoren, wie z.B. beim Toyota Prius. Der E-Motor ist der Hauptmotor; er treibt den Wagen in der Stadt an und dient als Energie-Rückgewinner beim Bremsen. Der Benzinmotor schaltet sich erst bei höheren Geschwindigkeiten und längeren Strecken zu sowie dann, wenn die Akkus es brauchen.
Drittens mit einem E-Motor als Hauptmotor sowie einem kleinen, sehr sparsamen, ständig im optimalen Drehzahlbereich (kein Getriebe) laufenden Benzinmotor, der nur dazu dient, die Akkus zu laden. Ein solches Fahrzeug gibt es zur Zeit noch nicht als Großserienprodukt.
Bei allen Hybrid-Autos und Elektro-Autos ist noch Entwicklungsarbeit bei der Verbesserung der Bremsenergie-Rückgewinnung zu leisten. Fragen Sie doch mal den Verkäufer im Autohaus Ihres Vertrauens, wie viel Prozent der Bremsenergie das von ihm angebotene Auto zurück gewinnt.

Elektro-Autos [Lit] als reine „Stromer“ sind wegen der noch geringen Batterie-Kapazitäten und der daraus folgenden geringen Reichweite der Fahrzeuge außerhalb eng umgrenzter Einsatzgebiete (Krankenhäuser etc.) weiterhin „Zukunftsmusik“. Obgleich

es ein Elektro-Auto war, die „Jamais Contente“ des Belgiers Camille Jenatzy, das 1899 als erstes Auto über 100 km/h fuhr, spielte dieses Konzept im Autobau in den letzten Jahrzehnten keine Rolle. Zwar werden immer wieder angeblich kurz vor der Serienfertigung stehende Typen angekündigt; aber es bleibt die Frage, warum man ein Fahrzeug mit der Edel-Energie Strom betreiben sollte. Bei vergleichbaren Fahrleistungen wie bei herkömmlichen Autos wird das kaum billiger – und auch nicht umweltfreundlicher, wenn der Strom in konventionellen Kraftwerken erzeugt wird.
Eine andere Situation wäre es, wenn Sie Ihren E-Wagen mit dem Strom aus einer eigenen Solar- oder Windenergie-Anlage betreiben könnten. Noch besser wäre es, wenn mit günstigen Solarzellen verkleidete Elektro-Autos ihren Strom weitgehend selbst erzeugen könnten (Solar-Auto). Solche Autos würden dann aber wohl eher wie ein VW-“Bully“ oder ein Rumpler-Tropfenwagen (ebene Dachflächen) aussehen. Immerhin hat schon der Schweizer Louis Palmer mit seinem „Solartaxi“ 2007/2008 allein mit Sonnenenergie die Erde umrundet und dabei über 53.000 Kilometer zurück gelegt. Allerdings sind alle heute hergestellten Solar- und Elektro-Mobile immer noch relativ teuer.
Inzwischen werden in Deutschland die ersten Stromtanksäulen in Parkhäusern etc. aufgestellt und es laufen wie in Großbritannien erste Großversuche mit E-Autos an, in denen man u.a. die Stabilität der Akku-Systeme testen will. An diesen Großversuchen beteiligen sich auch die großen Stromkonzerne, die natürlich ein Interesse daran haben, wenn mehr mit Strom gefahren wird.

Wasserstoff-Autos [Lit] haben grundsätzlich das gleiche Problem wie E-Autos: Wasserstoff muss wie elektrischer Strom erst einmal künstlich hergestellt werden, was einige Energie verbraucht und Geld kostet. Ist der Wasserstoff dann vorhanden, kann man ihn in einem abgeänderten Otto-Motor verbrennen oder, zweimal so effizient, mit einer Brennstoffzelle in elektrischen Strom umwandeln, muss aber jeweils Umwandlungsverluste in Kauf nehmen. Beide Verfahren sind technisch erprobt. Im Alltag werden

sie sich jedoch erst dann durchsetzen, wenn man Wasserstoff umweltfreundlich und in großen Mengen herstellen kann – z.B. in Algenfarmen.
Interessant sind die Konzepte wie das der britischen Firma „Riversimple“, die ihre Brennstoffzellen-Autos verleasen wollen und daneben die Baupläne für Bastler/Techniker im Internet anbieten.

Druckluft-Autos [Lit] gibt es derzeit noch nicht zu kaufen; sie werden auch künftig auf unseren Straßen wohl kaum eine Rolle spielen. Denn auch die Druckluft muss mit einem durch Fremdenergie (z.B. Benzin, Strom) betriebenen Kompressor erst einmal erzeugt werden, was Umwandlungsverluste mit sich bringt. Daher werden Autos mit einem Druckluft-Motor („Gasexpansionsmotor“) wohl eher auf großen Firmengeländen eingesetzt werden, wo sowieso Druckluft zur Verfügung steht und man die geringe Brand- und Explosionsgefahr dieser Fahrzeuge benötigt.

Für welche der o.a. Lösungen, sofern sie am Markt erhältlich sind, sollten Sie sich also entscheiden?
Die Antwort hängt ganz von Ihren Bedürfnissen und Nutzungsgewohnheiten ab: wer meist nur kurze Strecken in der Stadt fährt, ist vielleicht mit einem sparsamen Benziner oder einem Hybrid am Besten bedient. Wer viel fährt, vor allem Langstrecken auf deutschen Autobahnen, sollte sich z.B. mit dem Thema Autogas beschäftigen, denn je mehr man fährt, desto eher rechnet sich die Kombination aus hohen Umbaukosten und niedrigem Spritpreis. Für Landwirte oder Bastler mit alten Dieselautos kann Pflanzenöl interessant sein. Vieles hängt zudem davon ab, welche Anfangsinvestitionen Sie tätigen können/wollen. Zur genaueren Ermittlung der in Frage kommenden Lösungen gibt es im Internet Kostenrechner [Lit], sowohl freie als auch für Mitglieder von Automobil-Clubs (ADAC).

Der Verbrauch eines Autos ist grundsätzlich abhängig von Luftwiderstand, Gewicht, Rollwiderstand, Motorleistung, innerem

Motorenwiderstand und der Anzahl bzw. dem Energiehunger der Verbraucher, die am Motor dranhängen, sowie bei bestimmten Autos auch von der Qualität der Energie-Rückgewinnung (s.o.):

Luftwiderstand

Die 70er-Jahre-Zeiten mit Fuchsschwänzen an der Antenne und Scheinwerfer-Batterien auf dem Kühler sind zum Glück vorbei, und deshalb auch der damit verbundene, zusätzliche Spritverbrauch. Dennoch lässt die Stromlinie von so manchem Fahrzeug zu wünschen übrig. Wer sich einen großen, kantigen Geländewagen kauft, muss sich auch wegen des schlechten Luftwiderstands-Beiwertes (cw-Wert) auf höhere Tankrechnungen einstellen. Doch selbst bei normalen Autos gibt es einiges zu verbessern:

Dachgepäckträger, die nie benutzt werden, erhöhen den Verbrauch unnötig. Wer z.B. nur beabsichtigt, Fahrräder auf seinem Auto zu transportieren, sollte bei der Autobestellung auf einen Dachgepäckträger verzichten und sich statt dessen einen Heckgepäckträger für Fahrräder kaufen.

Fahrzeug-Antennen sind mittlerweile strömungsgünstig auf das hintere Autodach gerückt. Noch besser ist es, wenn Sie beim Autokauf oder nach einem Scheiben-Schaden eine in die Scheibe integrierte Antenne kostengünstig einbauen lassen können.

Kotflügel-Verbreiterungen, Heckspoiler etc. mögen für manche vielleicht schön aussehen; sie erhöhen aber auch den Luftwiderstand.

Gewicht

Entscheidend ist das Gesamtgewicht des Fahrzeugs, das z.T. durch die Wahl des Fahrzeugtyps schon vorgegeben ist. Aber nicht notwendige Zusatzausstattungen wie breitere Reifen, größerer Motor, eine Standheizung oder eine zusätzliche Sitzreihe im Van erhöhen das Gesamtgewicht des Autos und damit den Spritverbrauch. Schließlich müssen sie bei jedem Anfahren mit beschleunigt werden.

Gut, wenn bereits (leichtere) Alu-Felgen im Autopreis inbegriffen sind; ein spezieller Kauf nur wegen der Gewichtsreduzierung rechnet sich dagegen meistens nicht.

Rollwiderstand

Breite Reifen erhöhen den Rollwiderstand. Deshalb sollten Sie die für Ihr Fahrzeug zugelassene Reifengröße nicht ganz ausschöpfen. Denn jede Reduzierung des Rollwiderstandes von 10 Prozent ergibt etwa ein Prozent weniger Kraftstoff-Verbrauch. Allerdings darf die Auswahl eines Reifens nicht zu Lasten von Bremsweg, Dämpfung, Straßenhaftung in Kurven und bei Nässe, sowie Verschleiß gehen.
Eine noch sinnvollere Lösung, vor allem für den Stadtverkehr, sind Leichlaufreifen („Energy-Reifen"); sie können bis zu sechs Prozent Kraftstoff-Ersparnis bringen. Schauen Sie dazu in die entsprechenden Testberichte der Automobilclubs und Autozeitschriften [Lit].

Motorleistung

Mit den PS-Zahlen eines Autos steigen auch seine Spritverbrauchs-Zahlen steigen; schließlich muss die Leistung für schnelles Beschleunigen und größere Höchstgeschwindigkeiten ja irgendwo herkommen, und das ist meistens ein größerer Motor. Wenn Sie also Energie und damit Geld sparen wollen, wählen Sie eine schwächere Motorisierung. Verlassen Sie sich, was die Verbrauchswerte der einzelnen Motore angeht, nicht auf Werksangaben, sondern studieren Sie die Berichte der Automobilclubs und Autozeitschriften.
Viele neuere Fahrzeuge verfügen inzwischen über Techniken, die Motorleistung zeitweise zu reduzieren oder zu speichern, wenn sie nicht benötigt wird:
Bei der Schubabschaltung wird die Benzinversorgung des Motors während der Fahrt unterbrochen, wenn Sie den Fuß vom Gaspedal nehmen und der Wagen nur einfach weiter rollt. Wird das Gaspedal betätigt oder unterschreitet der Motor eine gewisse Mindestdrehzahl, schaltet sich die Benzinversorgung automa-

tisch wieder ein. Das Verfahren hilft, besonders im Stadtverkehr mit seinen wechselnden Fahrweisen (auf eine Ampel zu rollen etc.), Benzin zu sparen.
Gleiches gilt für Start-Stopp-Automatik, die den Motor ausschaltet, wenn der Wagen steht – an Ampeln, vor Bahnübergängen, im Stau. In den Metropolen können solche Stopps im Motor-Leerlauf rund ein Drittel der „Fahrtzeit" ausmachen – Sparpotential ca. 10 Prozent. Die Technik ist zwar nicht neu (es gab sie bereits ab 1981 im „VW Passat Formel E" und in den 1990ern im „VW Golf III Ecomatic"), aber sie wird heute in immer mehr Modelle eingebaut und kann, wie gesagt, besonders im Stadtverkehr beim Spritsparen helfen.
KERS (=Kinetic Energy Recovery System/ Kinetische-Energie -Rückgewinnung-System) wurde 2009 in der „Formel 1" eingeführt; das System ist uns prinzipiell bereits von der Bremsenergie-Rückgewinnung der o.a. Elektrohybrid-Autos (z.B. Toyota Prius) bekannt. Bei den Formel-1-Rennwagen gibt es neben den Elektrohybriden auch Schwungradhybride und wohl demnächst auch Drucklufthybride [Lit]. Es ist damit zu rechnen, dass diese Energiespar-Techniken schon bald den Weg in die Serienautos finden werden.

Innerer Motorenwiderstand

Dieser hängt natürlich von der Größe des Motors, der Anzahl und Reibung der beweglichen Teile, der Verwirbelungen/Widerstände im Öl- und Kühlwasser-Kreislauf etc. ab. Als Autokäufer/-besitzer hat man bei den vielen technischen Details wenig Einblick und auch wenig Einflußmöglichkeiten.
Es sollte allerdings klar sein, dass ein Vierradantrieb nicht nur in der Anschaffung teurer ist, sondern auch aus Widerstands- und Gewichtsgründen einen höheren Verbrauch hat.
Verwenden Sie bei allen Motoren die zugelassenen Leichtlauf-Motoröle; dadurch können sie den Spritverbrauch reduzieren.

Verbraucher

Rund 30 Prozent des Energieverbrauchs eines Autos können nach Forschungen der Grazer Fachhochschule „Joanneum“ auf das Konto der Auto-Elektronik gehen; kein Wunder, dass die EU Forschungen zu diesem Thema im Rahmen des Projekts „Energy Efficient Vehicles for Road Transport“ (EEVERT) fördert.
Denn viele Energie-Verbraucher in unseren Autos werkeln still und heimlich vor sich hin. So ist z.B. die heute in fast allen Autos zu findende hydraulische Servolenkung sogar dann im Einsatz, wenn gar nicht gelenkt wird. Sie verbraucht von 500 Watt (Nichtlenk-Phase) bis 3000 Watt. Neue elektrische Servolenkungen werden zwar weniger Energie verbrauchen, mit dann 1000 Watt allerdings immer noch mehr, als selbst ein Pferd oder gar ein erwachsener Mann leisten kann.
Wo gespart werden kann, zeigen heute schon die Spar-Modelle der Hersteller: der VW Polo BlueMotion verzichtet z.B. auf elektrische Außenspiegel. Doch selbst hier ließen sich noch elektrische Fensterheber vorn oder die Zentralverriegelung einsparen.
Überlegen Sie, ob Sie auf bestimmte Ausstattungsdetails wie Standheizung, Sitzheizung, Klimaanlage, größere Boxen für die Stereoanlage etc. nicht ganz verzichten können. Auch beim Licht lässt sich sparen: wenn sie bei einer notwendigen Fahrzeug-Reparatur verbrauchsintensive Leuchten zu einem moderaten Preis durch sparsame LED-Leuchten ersetzen können, sollten Sie das tun.
Um den Stromverbrauch im Auto zu verringern, gibt es inzwischen Solarzellen-Panele, die z.B. entweder auf dem Armaturenbrett oder an Stelle des Glasdachs montiert werden. Die Solarzellen liefern genau dann viel Energie für Kühlung/Ventilatoren, wenn das Auto in der Sommerhitze auf dem Parkplatz steht.

Zusätzlich gibt es noch einige Ausstattungsdinge, die das Spritsparen erleichtern können:
Das Wichtigste ist eine gut sichtbare Verbrauchsanzeige am Armaturenbrett. Sie verführt dazu, sich alltäglich nach ihr zu richten: schließlich will man als Fahrer wissen, ob man nicht noch

mehr sparen kann. Und allein deshalb ist sie wichtiger als Uhr und Öldruckanzeige.
Wer häufig neue Strecken in fremden Gegenden fährt, kann mit einem Navigationsgerät unnötige Umwege und Spritverbräuche vermeiden. Zudem gibt es erste Navigationsgeräte, die neben der kürzesten und der schnellsten Strecke auch die spritsparendste anzeigen (Eco-Navigation).
Wer meist außerhalb geschlossener Ortschaften fährt, ist mit einem Tempomaten gut bedient, da dieser für eine gleichmäßige und damit verbrauchsfreundliche Geschwindigkeit sorgt.
Wer sein Auto in dem/der eigenen Carport/Garage parkt und dort einen Stromanschluss zur Verfügung hat, kann sich die Anschaffung einer elektrischen Motor-Vorwärmanlage überlegen. Diese schaltet sich morgens an kalten Tagen zur festgelegten Zeit ein und heizt das Kühlwasser auf, so dass der Motor nicht den Verbrauch und Verschleiß eines Kaltstarts hat. Eine elektrische Motor-Vorwärmanlage ist einer Standheizung vorzuziehen, da sie nur etwa ein Zehntel der Standheizung kostet.
Wer meist längere Strecken fährt, sollte statt Motor-Vorwärmanlage oder Standheizung auf die aus der Solarthermie bekannten Latentwärmespeicher [Lit] zurück greifen. Diese speichern die auf längeren Fahrten anfallende überflüssige Kühlwasserhitze über Nacht in flüssigen Salzen und geben sie morgens beim Starten wieder an den kalten Motor ab.

Generell bleibt ein Autokauf immer eine Mischung aus rationalen Motiven und emotionalen Komponenten wie Lieblingsmarke, Image, Verbundenheit mit einer Werkstatt etc. Wer jedoch Energie, Geld und Ressourcen sparen will, sollte sich vorwiegend an die nackten Zahlen halten.

Boote

Auf die Verkehrsmittel für Wassersportler soll an dieser Stelle nur kurz hingewiesen werden, zumal einige Dinge dabei dem Straßenverkehr nicht unähnlich sind: starke Motore für schnelle und große (Motor-)Boote kosten nicht nur in der Anschaffung

mehr Geld, sondern vor allem auch dann, wenn man(n) Gas gibt. Manche Motorboots-Besitzer reduzieren wegen der hohen Treibstoff-Kosten schon ihre Fahrten aus dem Hafen und benutzen ihre Boote eher als fest vertäute Sonnenplattform. In der Tat verlangt heute der Kauf eines Motorbootes ähnliche Überlegungen wie der Kauf eines Autos: wofür will ich es nutzen, wie groß muss es sein, wie groß darf der Motor maximal sein, damit ich mir auf Dauer die Treibstoffkosten leisten kann etc. Wer hier falsche Entscheidungen trifft, läuft nicht nur Gefahr, bei den Unterhaltskosten eine Menge Geld zu verlieren. Auch der Wiederverkaufswert eines Bootes kann bei deutlich steigenden Benzin- und Dieselpreisen deutlich sinken.
Mittlerweile gibt es bei den Motorbooten serienmäßige Hybrid- und Elektroyachten [Lit], dazu für Schönwetter-Fahrten Solarboote und sogar Solar-Segelboote [Lit], die allerdings noch relativ teuer sind.
In naher Zukunft können in diesem Bereich zunehmend Wasserstoff und Brennstoffzellen als Stromversorger eine Rolle spielen. Projekte für die Entwicklung entsprechender Systeme und Infrastrukturen existieren bereits – z.B. in Mecklenburg-Vorpommern [Lit]. Auch hier ließe sich der Wasserstoff – neben einer Kartuschen-Versorgung – umwelt- und kostenfreundlich aus regenerativen Energien an Bord erzeugen. Dass dies generell möglich ist, zeigt das umgebaute Frachtschiff „Hydrogen Challenger“ [Lit].
Übrigens: für seegängige Frachtschiffe gibt es inzwischen drachenförmige Zusatzsegel [Lit.], die leicht anzubringen sind und bis zu 20 Prozent Treibstoff sparen helfen. Vielleicht wird ein solches System bald schon für größere Motorboote angeboten.

Denn auf dem Wasser existiert schon seit Jahrtausenden noch eine grundlegende Antriebs-Alternative: das Segeln, bei dem gar keine Sprit-Kosten anfallen. Wie Weltumsegelungen immer wieder zeigen, ist die Reichweite von Segelbooten praktisch unbegrenzt; Nonstopp-Touren werden allenfalls durch den Proviantbedarf der Segler limitiert.

Selbstverständlich haben auch moderne Segelboote einen Hilfsmotor, und Segelboot-Käufer müssen entscheiden, wie groß dieser „Flautenschieber“ sein soll. Aber selbst hier gibt es zu den „Benzin-Stinkern“ inzwischen eine Alternative: die Elektro-Aussenbordmotore [Lit]. Da die Aussenborder bei Seglern nicht im Dauereinsatz sind, können die Akkus meist auch mit bordeigenen Windrädern und Solar-Panelen aufgeladen werden, ohne dass man immer auf den Stromanschluss im Hafen angewiesen wäre [Lit]. Zusätzliche Brennstoffzellen können die Reichweite der E-Aussenborder erhöhen („Range-Extender“).

Bei allen Booten machen übrigens – im Gegensatz zum Auto – der Liegeplatz im Hafen sowie das Winterlager meist einen erheblichen Teil der Unterhaltskosten aus.

Sie sparen

Wenn Sie möglichst viel Geld sparen wollen, ist nicht das Auto das erste und beste Verkehrsmittel der Wahl. Und bei den günstigsten Lastverkehrsmitteln/Transportmitteln steht nicht einmal das Fahrrad an der Spitze, da es einen relativ hohen Preis hat und zudem Wartung sowie Ersatzteile (Bremsbeläge, Glühbirnen etc.) benötigt. Das günstigste Lastverkehrsmittel auf kurzen Strecken sind die eigenen Schuhsohlen und der Einkaufsroller, im Volksmund auch „Hacken-Porsche“ genannt. Doch der Einkaufsroller wird meist von Senioren benutzt und hat deshalb ein Imageproblem; daher wird er sich kaum bei jüngeren Leuten durchsetzen können.
Und somit ist der Weg frei fürs Fahrrad: jedes mal, wenn Sie einen Einkaufsweg mit dem Fahrrad statt mit dem Auto unternehmen, tun Sie nicht nur was für Ihre Fitness, sondern sparen auch bares (Sprit-)Geld.

Wenn man sich aber ein Auto angeschafft hat, dann gibt es unabhängig vom Typ und Antrieb eine Menge Möglichkeiten, Kosten einzusparen, und das in zwei Abschnitten: vor der Fahrt und während der Fahrt.

Vor der Fahrt
Warten Sie den Wagen regelmäßig; verrußte Zündkerzen, verstopfte Luftfilter und schlecht eingestellte Motore erhöhen den Spritverbrauch. Verwenden Sie möglichst synthetische Leichtlauf-Motoröle.
Verzichten Sie auf den Einsatz von „Wundermitteln“, die nicht wissenschaftlich und von neutralen Instituten getestet worden sind, ebenso wie auf Treibstoff mit höheren Oktanzahlen als im Bordhandbuch angegeben. Solche „Lösungen“ sind meist Ihr Geld nicht wert.
Prüfen Sie den Reifendruck und erhöhen ihn ggf. bis zu dem im Bordhandbuch angegebenen Wert. Das senkt den Rollwiderstand. Wegen des hohen Rollwiderstandes sollten Sie auch nicht das ganze Jahr über mit Winterreifen fahren, sondern diese nach Ende der Wintersaison schnell wieder gegen Sommerreifen auswechseln.
Bauen Sie nicht benötigte Dachgepäckträger, Fahrradhalterungen, große Rückspiegel für Wohnanhänger etc. ab und senken Sie so den Luftwiderstand. Selbst ein unbeladener Dachgepäckträger erhöht auf 100 km den Benzinverbrauch um ca. 0,5 Liter Benzin.
Entfernen Sie allen unnötigen Ballast aus Ihrem Fahrzeug: Schneeketten im Sommer, überflüssige Kindersitze, leere Getränkekisten etc. – ein Autokofferraum ist keine Abstellkammer! Je geringer das Gewicht Ihres Fahrzeugs, desto geringer ist sein Verbrauch.

Überlegen Sie, mit wem Sie Fahrgemeinschaften bilden können. Dabei teilt man sich die Spritkosten; jedes Auto eines der Fahrgemeinschafts-Teilnehmer verringert zudem seine Kilometerlaufleistung und erhöht damit seinen Wiederverkaufswert.
Planen Sie Ihre Fahrten und vermeiden Sie unsinnige Wege: was können Sie auf der Fahrt ohne große Umwege gleich mit erledigen (z.B. Tanken), wofür reicht auch das Fahrrad? Denken Sie daran: auf den ersten ca. fünf Kilometern verbraucht der kalte

Motor extrem viel Sprit (umgerechnet bis zu 40 Liter Benzin pro 100 km!); erst danach normalisieren sich die Verbrauchswerte auf die vom Hersteller angegebenen bzw. getesteten Größen.
Zur guten Planung gehört auch, sich rechtzeitig vor der Fahrt mit möglichen Verkehrs-Engpässen und Staus vertraut zu machen, um diesen ausweichen zu können.

Verzichten Sie auf ein „Warmlaufenlassen" des Motors ebenso wie auf den Einsatz der Standheizung im Winter.
Stellen Sie im Sommer Ihr Fahrzeug in den Schatten oder decken Sie die Scheiben mit Spiegelfolie ab: je weniger der Innenraum sich aufheizt, desto weniger Arbeit hat nach dem Start die Klimaanlage.

Während der Fahrt
Wenn Sie sich ins Auto setzen, schalten Sie alle unnötigen Verbraucher (Licht, Radio, Scheibenwischer, Klimaanlage, Sitzheizung etc.) aus und schnallen sich an. Erst dann starten Sie den Wagen, schalten wenn nötig das Licht oder Scheibenwischer ein und fahren sogleich los. Vermeiden Sie es, beim Anfahren unnötig viel Gas zu geben und den Motor aufheulen zu lassen. Erst wenn Sie ein Stück gefahren sind, sollten die entsprechenden Verbraucher wieder eingeschaltet werden.

Der klassische „Kavaliersstart" verbraucht dagegen viel Benzin und Reifenprofil, weshalb er heute „mega-out" ist.
Schalten Sie beim Beschleunigen möglichst frühzeitig hoch in den nächsten Gang. Bei ca. 2000 Motor-Umdrehungen sollte Ihr „Schaltpunkt" liegen. Wenn Sie beim Beschleunigen auf einer abschüssigen Strecke fahren, können Sie auch einen Gang überspringen.

Wählen Sie bei gleich bleibender Geschwindigkeit einen möglichst großen Gang; die Faustformel für die richtige Gangwahl ist: km/h geteilt durch 10. Bereits bei 50 km/h sollten Sie also im fünften Gang fahren. Je geringer die Motor-Umdrehungszahl ist, desto weniger Sprit wird bei gleicher Geschwindigkeit verbraucht. Sie müssen erst dann wieder herunter schalten, wenn es die Verkehrssituation erfordert (z.B. für zügiges Überholen) oder der Motor zu ruckeln anfängt, weil seine Umdrehungen unter die Leerlaufdrehzahl absinken.

Nutzen Sie nicht die mögliche Höchstgeschwindigkeit Ihres Autos voll aus, sondern begnügen sich maximal mit einer „Dreiviertel-Geschwindigkeit“: wenn Ihr Wagen also 200 km/h fahren könnte, sollten Sie es bei 150 km/h genug sein lassen. Durch diese freiwillige Selbstbeschränkung können Sie fast die Hälfte des Höchstgeschwindigkeits-Spritverbrauchs einsparen und kommen dennoch sehr zügig voran. Noch günstiger wird es, wenn Sie Ihre Geschwindigkeit noch weiter reduzieren.

Fahren Sie nicht mit weit geöffneten Fenstern: das erhöht den Luftwiderstand des Fahrzeugs und damit den Verbrauch.
Öffnen Sie im Sommer allerdings gleich nach dem Start (und bei ausgeschalteter Klimaanlage) das Fenster, um überschüssige Wärme heraus zu lassen. Dann muss Ihre Klimaanlage anschließend nicht so viel arbeiten.

Halten Sie Ihre Verbraucher im Zaum: die Klimaanlage verbraucht umgerechnet ca. einen Liter Sprit auf 100 Kilometer – wenn die Außentemperatur nur geringfügig unter der gewünschten Innentemperatur liegt, sollten sie die Klimaanlage möglichst abschalten, da die Sonneneinstrahlung und Sie selbst den Innenraum meist genügend aufheizen.
Die Nutzung des Radios ist allein schon wegen der Staumeldungen, des entspannteren Fahrgefühls bei Musik etc. sinnvoll; deshalb müssen Sie aber nicht versuchen, gleich Ihre gesamte Umgebung zu beschallen, da auch ein solch' kraftvoller Sound unnötig Energie und Geld kostet.
Sitzheizungen, besonders wenn sie voll aufgedreht sind, stehen bei manchen Forschern in Verdacht, an männlicher Impotenz

Schuld zu sein. Meist sind sie eh überflüssig; allenfalls in offenen Cabrios im Winter sollte man sie benutzen.
Auch die Heckscheiben-Heizung hat einen Aus-Schalter und sollte nicht ganzjährig eingesetzt werden.

Fahren Sie vorausschauend und intelligent; vermeiden Sie plötzliches Beschleunigen, abruptes Bremsen und unnötiges Halten: wenn bei stetigem Gegenverkehr auf Ihrer Fahrspur weit voraus ein LKW hält oder ein PKW rückwärts einparkt, nehmen Sie den Fuß vom Gaspedal und lassen den Wagen rollen. Haben Sie eine Schubabschaltung, dann unterbricht diese jetzt die Benzinzufuhr und Ihr Spritverbrauch sinkt auf Null. Das funktioniert allerdings nur, wenn Sie nicht (!) auskuppeln. Haben Sie keine Schubabschaltung, können Sie dagegen jetzt auskuppeln und den Wagen im Motor-Leerlauf rollen lassen – es wird nur noch wenig Benzin für die Leerlauf-Drehzahl verbraucht. Keinesfalls sollten Sie auskuppeln und den Motor ausschalten: dann funktionieren nämlich Servolenkung und Bremskraftverstärker nicht mehr, d.h. der Wagen lässt sich kaum noch lenken und bremsen.

Auch wenn die Ampel vor Ihnen rot ist oder die Bahnschranken geschlossen sind, sollten Sie in einem angemessenen Tempo an das Hindernis heran rollen und nicht wie manch' anderer bis zum letzten Moment Gas geben, um dann scharf zu bremsen.
An der Ampel/Schranke rettet Sie entweder Ihre Start-Stopp-Automatik vor unnötigem Benzinverbrauch oder Sie können bei längeren Stopps selbst den Motor ausschalten: auch wenn der Motor beim erneuten Start erst einmal etwas mehr verbraucht, sparen Sie ab ca. 10 Sekunden Motorruhe Sprit.

Wichtig ist, wie gesagt, intelligentes und vorausschauendes Fahren. Wenn Sie auf eine grüne Ampel zu fahren, deren parallele Fußgängerampel bereits auf rot geschaltet hat und die daher ebenfalls gleich auf rot schalten wird, haben Sie zwei Möglichkeiten: Sie lassen den Wagen rollen, um nicht noch im letzten Moment scharf bremsen zu müssen, wenn die Ampel auf rot

springt. Oder Sie beschleunigen (Höchstgeschwindigkeit beachten!), um ein unnötiges Halten zu vermeiden.
Generell sollte man seinen Wagen möglichst wenig abbremsen: Strecken mit vielen Ampeln oder Staus lassen sich mit etwas Geschick umfahren; ein gutes Navigationsgerät kann dabei helfen.

Betanken Sie Ihr Fahrzeug möglichst erst nach Wochenenden/Feiertagen; Vergleiche zeigen immer wieder, dass besonders vor Wochenenden die Spritpreise steigen und danach wieder fallen.

Literatur:
Lastenräder
http://www.pedalkraft.de/lastenraeder.htm
http://www.pro-rikscha.de/lastenrad.htm#lastenrad
http://nihola.net/
http://www.pedalpower.de/produkte/lastenraeder/

Liegeräder
http://www.liegeradmagazin.de/
http://www.liegerad-profis.com/
http://www.liegeradstudio.de/
http://www.radius-liegeraeder.de/neu/

Dreiräder/Trikes
http://www.trikeforum.de/
http://www.trikerace.de
http://www.angletechcycles.com/bikes/trikes/index.htm
http://icletta.wordpress.com/2-trice/

Muskelkraft-Fahrzeuge/Velomobile
http://www.hpv.org/
http://www.velomobile.de/
http://www.velomobiel.nl/
http://www.leiba.de/
http://www.sunrider-cycles.com/de/

Fahrrad-Anhänger
http://www.novosport.de
http://www.de.extrawheel.com/
https://www.weber-products.de/

Carsharing
http://www.carsharing.de/
http://www.adac.de/mitfahrclub
http://www.carsharing.at
http://www.mobility.ch

Wertverlust
http://www.autokosten.org/kfz-vergleich.php
http://www.autobudget.de/
http://www.autobild.de/artikel/eurotaxschwacke-wertverlust-prognose_319062.html
http://www.autobild.de/artikel/gebrauchtwagen-mit-hohem-wertverlust_584439.html
http://www.autobild.de/artikel/cabriolets-und-roadster-ohne-wertverlust_726306.html

Auto-Kosten-/Amortisationsberechnung
http://rechner.ichundmeinauto.info/
http://www.spritmonitor.de/
http://www.adac.de/autokosten
http://www.amortisationsrechner.de/
http://www.autoverbrauch.at

Ethanol
http://www.ethanol-tanken.com/
http://www.ethanol-statt-benzin.de/
http://www.bdbe.de/

Autogas
http://www.dvfg.de/de/

http://www.autogastanken.de
http://www.autogas-umruestungen.de/autogas-rechner.html

Erdgas-Fahrzeuge
http://www.erdgasfahrzeuge.de
http://www.erdgas-fahren.de/
http://www.gas24.de/cms/

Biogas
http://www.biogas.org/
http://www.biogas.ch/

Holzvergaser
http://www.oldtimer-freunde.info/Neu_Holzvergaser_oldtimer_freunde
http://www.holzgas.ch

Biodiesel
http://www.iwr.de/biodiesel/
http://www.ufop.de/

Pflanzenöl-Tankstellen in Deutschland
http://www.pflanzenoel-tankstelle.de/
http://www.bv-pflanzenoele.de/

BTL
http://www.btl-plattform.de/
http://www.choren.com/de/

Hybrid-Autos
http://www.hybridantrieb.org/
http://www.autos-hybrid.de/hybridantrieb.html

Elektro- und Solarautos
http://elweb.info/dokuwiki/
http://www.elektro-auto.net/

http://www.ecocraft-automotive.de/
http://www.solarmobil.info/
http://www.solartaxi.com/

Wasserstoff- und Brennstoffzellen-Autos
http://www.netinform.net/h2/H2Mobility/Default.aspx
http://www.hydrogeit-verlag.de/wasserstoff-autos.htm
http://www.itas.fzk.de/tatup/061/boss06a.htm
http://www.riversimple.com/

Druckluftauto
http://www.mdi.lu/
Drucklufthybrid
http://www.scuderigroup.com/blog/tag/air+hybrid?start=10

Autozeitschriften
http://www.autobild.de/
http://www.auto-motor-und-sport.de/
http://www.autozeitung.de/

Latentwärmespeicher
http://www.pflanzenoel-auto.de/deutsch/node77.html
http://www.waermespeicher.com/

Hybrid- und Elektro-Yachten
http://www.frauscherboats.com/produkte/hybridyachten.html
http://www.boesch-boats.ch/boote/electric-power

Solarboote
http://www.wlw.de/treffer/solarboote.html
http://www.solarwave.at/
http://www.solarsailor.com.au/ (Solar-Segelboote)
http://www.solarmobil.info/index.htm#boote

Wasserstoff-Projekt in Mecklenburg-Vorpommern
http://www.hyport.de

Hydrogen Challenger
http://www.hydrogen-challenger.de/

Zusatzsegel für Frachtschiffe
http://www.skysails.de

Elektro-Aussenbordmotor
http://www.palstek.de/admin/downloads/Bootstests/A/Arion_29_E.pdf
http://www.torqeedo.com
http://www.auzinger.at

Energieautarkes Segelboot
Michael Herrmann: Autark durch Energie aus Wind und Sonne, palstek/Hamburg (Nov.) 2009

Spritsparrechner vom Deutschen Verkehrssicherheitsrat e.V.
http://www.spritsparstunde.de/spritsparstunde/der_spritsparrechner.htm

14. Gesellschaftliche Denkfehler

Dass dringend etwas getan werden muss, um die allgemein verbreitete Verschwendung von Energie und Ressourcen zu stoppen, ist den meisten Bürgern und Politikern heute klar. Dennoch existieren weiterhin eine Unmenge von Regeln in Form von Gesetzen und Gewohnheiten, die uns am Handeln hindern. Viele dieser Dinge mögen ursprünglich einmal einen guten Grund gehabt haben, aber inzwischen haben sich die Zeiten geändert und für manche Regel fehlt nun jede vernünftige Begründung. Einige dieser Regeln sind hier unproblematisch, weil sie auf den Energie- und Ressourcenverbrauch keine Auswirkungen haben. Andere aber befördern die Energie-Geld-Ressourcen-Verschwendung und belasten zudem die Umwelt.
Sehen wir uns also einmal einige davon an:

Zu den wohl unverrückbaren Vorschriften gehören in Deutschland die Bauordnungen mit ihren „Baufenstern“ und den „Fluchtlinien“ der Häuserzeilen. Die alt-deutsche Liebe zum Stehen „in Reih' und Glied“ feiert hier fröhliche Auferstehung: niemand soll baulich „aus der Reihe tanzen“! Dieses Wirken der kommunalen Bauabteilungen kann unter anderem dazu führen, dass sich Häuser reihenweise gegenseitig verschatten, dass bestimmte Einfallswinkel des Sonnenlichts oder bestimmte Geländeformationen nicht genutzt werden können, dass ortsunübliche (Solar-)Fassaden nicht gebaut werden dürfen. Diese ganzen Vorschriften und Nicht-Genehmigungen kosten Ihr Geld.

Fast ebenso „heilig“ und auch fast ebenso schädlich sind inzwischen die Auswüchse des behördlichen Umwelt- und Naturschutzes. Da werden zwar die privaten Kaminöfen als Dreckschleudern identifiziert und gemaßregelt, aber an die viel umweltschädlicheren (Silvester-)Feuerwerke, das Bikebrennen, die Oster- und Mittsommerfeuer traut man sich politisch nicht heran.
Da können Solaranlagen nicht gebaut werden, weil das Naturschutzamt nicht die Genehmigung zum Fällen hoher Thuja-Bäume erteilt (die aus Nordamerika stammen, giftig sind und recht

nutzlos für die europäische Vogelwelt). Und wird dann doch eine Fäll-Genehmigung erteilt, soll man statt einheimischer Obstbäume lieber „einheimische" Bäume wie den Berg-Ahorn pflanzen – in der Norddeutschen Tiefebene!

Ein weiteres Gesetz, das Bürgern das Energiesparen verleiden kann, ist das deutsche Wohnungseigentumsgesetz (WEG). Es legt z.B. fest, dass Änderungen am Äußeren eines Mehrfamilienhauses der Zustimmung der Mehrheit der Eigentümer bedürfen. Will also jemand sein Balkongeländer mit Solarzellen bestücken oder an der Fassade seines Reihenhauses eine Dämmschicht anbringen, so können die Nachbarn das mit Mehrheit verhindern. Der Gesetzgeber, der einerseits Menschen mit Millionen-Förderungen zum Energiesparen bewegen will, schränkt hier andererseits den freien Sparwillen des Individuums ein.

„Du bist, was Du isst" lautet ein weit verbreiteter Spruch. Auch wenn dieser Spruch unsinnig ist und selbst von seinen Verbreitern kaum ernst genommen werden kann – wer lässt sich schon gerne als „Pflaume" bezeichnen, bloß weil er eine Vorliebe für dieses Obst hat – so zeigt er doch die Bedeutung der Lebensmittel in unserer Gesellschaft. Und diese Gesellschaft hat für die Lebensmittel eine klare Hierarchie aufgestellt, von den guten bis zu den minderwertigen Produkten: das Beste sind frisch geerntete Lebensmittel (Gemüse, Obst) aus dem eigenen Garten. Dann kommen die naturbelassenen Produkte aus den Gemüseabteilungen der Kaufhäuser und von den Wochenmärkten. Es folgen dann die bearbeiteten Produkte: das Tiefkühl-Gemüse und zum Schluss das Dosen-Gemüse. So wird es in den Medien gepredigt, an den Schulen gelehrt und von Otto-Normalverbraucher geglaubt. Leider enthält diese Glaubensüberzeugung nur ein kleines Fünkchen Wahrheit: in der Tat sich die gerade geernteten Produkte aus dem eigenen Garten kaum zu übertreffen. Doch danach wirbeln die harten Tatsachen die gesellschaftlichen Glaubenssätze durcheinander: so zeigen Untersuchungen, dass Gemüse aus Dosen durchaus vitaminreicher seien kann als das „frische" Ge-

müse vom Markt oder aus der Lebensmittelabteilung: schließlich kommt manches Dosengemüse frisch vom Feld in der Fabrik eingedost, während das Marktgemüse schon einige Tage seit seiner Ernte hinter sich haben kann und dabei einige Vitamine verliert. Und auch Tiefkühl-Gemüse ist mit Blick auf die Vitamine nicht unbedingt den Dosen vorzuziehen.
Wenn nun aber die gesellschaftlichen Glaubenssätze nicht stimmen stimmen, dann muss man stärker auf die Folgekosten dieser Glaubenssätze achten. Und dabei wird klar: Tiefkühl-Gemüse verbraucht bei Transport und Lagerung im Vergleich zur Dose eine Menge Energie und damit Geld. Frisches Gemüse verbraucht bei Transport und Lagerung im Vergleich zur Dose eine Menge Material in Form von schlecht gewordenen und deshalb weg zu werfenden Produkten. Vom frischen Gemüse aus Ihrem Garten einmal abgesehen, kann die gering geachtete Gemüse-Dose im Vergleich zu anderen Gemüse-Lagerformen durchaus Geld sparen.

Flaschen gibt es nicht nur aus unterschiedlichsten Materialien, für die verschiedensten Flüssigkeiten von Parfum bis Wasser, sondern auch in allen möglichen Formen und Farben. Diese Vielfalt nützt hauptsächlich den Herstellern der Flaschen: die Flüssigkeitsbehälter werden zu Einwegprodukten, da wegen der großen Unterschiede kein sinnvolles Mehrwegsystem aufgebaut werden kann. Der Konsument – und das sind Sie – zahlt dann die Zeche in Form höherer Produkt- und Umweltkosten.

Wein schenkt „man“ zumindest in gehobenen gesellschaftlichen Kreisen nur aus Flaschen ein, die zuvor mit einem Naturkorken versiegelt waren. Zwar gibt es inzwischen auch Kunststoff-Korken oder Glaspfropfen, und das Deutsche Weininstitut lagert seit Jahren seine Testweine in Flaschen mit Schraubverschluss, aber als wirklich edel gelten nur die Naturkorken.
Doch diese Naturkorken stammen aus der Rinde von Korkeichen und enthalten im natürlichen Zustand zuweilen Bakterien, die zu einem „Umkippen“ des Weines führen („Der Wein hat Kork!“).

Zumindest jede zwanzigste Flasche wird dadurch ungenießbar – ein Riesenverlust für Wirtschaft, Verbraucher und Umwelt.
Wenn Sie also die Gelegenheit und den Mut haben, verstoßen Sie gegen die gesellschaftliche Konvention der Korkverschlüsse und kaufen Sie Mehrweg-Weinflaschen mit Schraubverschluss.

Eine Geld verschlingende Mode ist die Kleidungsmode selbst. Jahr für Jahr versuchen Modemacher und -Designer uns zu erzählen, was gerade modisch „in", modern oder „angesagt" ist, und was wir deshalb unbedingt kaufen müssten. Jedes Jahr sieht der „angesagte" Kleidungsstil ein wenig anders aus. Nicht, dass die „moderne" Kleidung gegenüber den Produkten aus dem letzten Jahr unbedingt besser, nützlicher, komfortabler oder umweltfreundlicher geworden wäre. Nicht „besser", sondern nur „anders" ist das Zauberwort dieser Szene, hinter der eine höchst profitable Industrie steckt. Und diese Industrie versucht beständig, die vom „Verbraucher" (was allein schon für ein hässliches Wort für Menschen!) für teuer Geld erworbene Kleidung schon allein dadurch altern zu lassen bzw. zu entwerten, dass sie behauptet, diese Kleidungsstücke seien nicht mehr modisch und man könnte sie daher nicht mehr tragen.
Wenn Sie also genügend Mut haben, durchbrechen Sie die Einkreisungsversuche des Modezirkus: kaufen Sie sich haltbare, zeitlose Kleidung und wagen Sie es, sich nicht „topmodisch" zu kleiden. Solches „unangepasstes Verhalten" spart Geld und kann auch Spaß machen.

Ein weites Feld für kostspielige Denkfehler ist der Verkehr. Auch hier kann man mit einer Art Mode beginnen, nämlich die der Autofarben. Schwarz und silberfarbene Autos, aber auch blaue und weiße, gelten als elegant und repräsentativ. Dagegen sind rote und gelbe Autos nur dann geachtet, wenn es sich um Produkte zweier bestimmter Sportwagenmarken handelt.
Nun sind aber Rot und Gelb Signalfarben, denen man schnell Aufmerksamkeit schenkt und die gut zu sehen sind. Dagegen verschwimmen die viel geliebten „eleganten" Farben in der

Dämmerung oder auf schummerigen Trassen durch Waldgebiete leicht mit ihrer Umgebung und wirken so wie Tarnfarben.
Die daraus entstehenden Unfälle haben dazu geführt, dass jetzt in vielen Ländern auch bei Tag mit Abblendlicht gefahren werden muss. Und das kostet Sie, lieber Autofahrer, Ihr Geld, weil Ihr Motor zusätzlich noch die Energie für das Licht erzeugen muss.

Zu den Ritualen der ideologischen Verkehrsplanung gehört die „Entschleunigung“ bzw. „Verkehrsberuhigung“. Denn neben dem puren Verkehrsberuhigungs-Egoismus, der „vor der eigenen Haustür“ eine Tempo-30-Zone haben will, um dann selbst vor den Haustüren anderer erheblich schneller zu fahren, gibt es eine Ideologie. Diese besagt in etwa, dass man den Verkehrsfluss nur künstlich erschweren müsse, damit die Autofahrer zu Massen in die öffentlichen Verkehrsmittel strömen und dann niemand mehr schneller ist als der andere. Mittel solcher Entschleunigungs-Bemühungen sind Straßensperrungen und Einbahnstraßen, der Rückbau von Bus-Haltebuchten, die Ampelschaltungen, die den Verkehr möglichst stocken lassen und shared-space-Zonen, in denen der Fuß-, Rad- und Auto-Verkehr sich den Straßenraum ohne abgegrenzte Bereiche teilen, so dass der Langsamste das Tempo aller bestimmt.
Das Ergebnis solcher Bemühungen sind nicht weniger Autofahrer, sondern mehr Staus. Und wenn Sie sich in Ihrem Auto per Stop-and-Go durch einen Stau quälen, verpesten Sie nicht nur die Umwelt genau so wie mit einer Vollgasfahrt, es kostet Sie auch ebenso viel Geld pro Kilometer.
Wenn Sie also können, setzen Sie sich künftig für Kreisverkehre statt Ampelkreuzungen ein, verhindern Sie den Rückbau von Bus-Haltebuchten durch eine Bürgerinitiative, stoppen Sie die Entschleuniger per Gerichtsbeschluss oder per Wahlzettel. Denn nur ein Verkehr, der zügig (nicht zu stockend, nicht zu schnell) fließt, erspart der Umwelt Abgase und Ihnen Geld.
Für die Zukunft wäre es eine interessante, politische Lösung, die erlaubte Höchstgeschwindigkeit z.B. auf Autobahnen vom Spritverbrauch abhängig zu machen und per Mikrochip im Motorma-

nagement zu steuern: wenn ein Auto bei steigender Geschwindigkeit zu viel verbraucht, regelt der Chip die Geschwindigkeit herunter. Nur reine Solarmobile hätten freie Fahrt – ein gutes Verkaufsargument für diesen Energie und Geld sparenden Fahrzeugtyp.

„Umweltschutz kostet Geld“ ist ein immer noch verbreitetes gesellschaftliches Vorurteil. Selbstverständlich kostet es erst einmal Geld, sich ein neues, sparsameres elektrisches Großgerät (Herd, Waschmaschine) anzuschaffen. Aber in den meisten Fällen rechnet sich das schon nach einigen Jahren. Noch einfacher ist es in vielen anderen Fällen: beim Verlassen des Raumes das Licht aus zu schalten oder beim Lüften die Heizung ab zudrehen, kostet Sie keinen Cent, bringt aber was für Ihren Geldbeutel und für die Umwelt.
Besser als ein allgemeines Schimpfen auf die Umweltschutz-Gesetze ist ein nüchternes Durchrechnen der möglichen eigenen Sparmaßnahmen. Dadurch erledigen sich manche Vorurteile von selbst.

15. Stichwortverzeichnis